Dias Gomes

FUNDAÇÃO EDITORA DA UNESP

Presidente do Conselho Curador
Mário Sérgio Vasconcelos

Diretor-Presidente
Jézio Hernani Bomfim Gutierre

Superintendente Administrativo e Financeiro
William de Souza Agostinho

Conselho Editorial Acadêmico
Carlos Magno Castelo Branco Fortaleza
Henrique Nunes de Oliveira
João Francisco Galera Monico
João Luís Cardoso Tápias Ceccantini
José Leonardo do Nascimento
Lourenço Chacon Jurado Filho
Paula da Cruz Landim
Rogério Rosenfeld
Rosa Maria Feiteiro Cavalari

Editores-Adjuntos
Anderson Nobara
Leandro Rodrigues

INÁ CAMARGO COSTA

Dias Gomes
Um dramaturgo nacional-popular

© 2017 Editora Unesp

Direitos de publicação reservados à:
Fundação Editora da Unesp (FEU)
Praça da Sé, 108
01001-900 – São Paulo – SP
Tel.: (0xx11) 3242-7171
Fax: (0xx11) 3242-7172
www.editoraunesp.com.br
www.livrariaunesp.com.br
feu@editora.unesp.br

Dados Internacionais de Catalogação na Publicação (CIP)
Vagner Rodolfo CRB-8/9410

C837d

Costa, Iná Camargo
　Dias Gomes: um dramaturgo nacional-popular / Iná Camargo Costa. – São Paulo: Editora Unesp, 2017.
　200p; 14 cm x 21 cm.

　Inclui bibliografia.
　ISBN: 978-85-393-0696-1

　1. Literatura brasileira. 2. Dramaturgia. 3. Gomes, Dias. I. Título.

2017-486　　　　　　　　　　　　　　　　　CDD: 869.8992
　　　　　　　　　　　　　　　　　　　　　　CDU: 821.134.3(81)

Editora afiliada:

Asociación de Editoriales Universitarias
de América Latina y el Caribe

Associação Brasileira de
Editoras Universitárias

A esmagadora maioria dos inventores, pesquisadores, cientistas e doutores jamais poderia desempenhar suas funções se centenas de milhares de trabalhadores, milhões, na verdade, não tivessem produzido os laboratórios, os edifícios, as máquinas, os aparatos, os instrumentos e os materiais com os quais operam; se o sobreproduto social, produzido pela massa total de produtores, não lhes tivesse assegurado o necessário tempo de trabalho livre da pressão de reproduzir sua existência imediata, sem o qual não poderiam dedicar-se ao trabalho científico; se gerações passadas e presentes de outros inventores, pesquisadores, cientistas e doutores não tivessem realizado o necessário trabalho antecedente e concomitante sem o qual a atividade científica individual seria impossível.

Ernest Mandel

Estamos fadados, pois, a depender da experiência das outras letras, o que pode levar ao desinteresse e até ao menoscabo das nossas. [...]

Comparada às grandes, a nossa literatura é pobre e fraca. Mas é ela, não outra, que nos exprime. Se não for amada, não revelará a sua mensagem; e se não a amarmos, ninguém o fará por nós. Se não lermos as obras que a compõem, ninguém as tomará do esquecimento, descaso ou incompreensão. Ninguém, além de nós, poderá dar vida a essas tentativas muitas vezes débeis, outras vezes fortes, sempre tocantes, em que os homens do passado, no fundo de uma terra inculta, em meio a uma aclimatação penosa da cultura europeia, *procuram estilizar para nós, seus descendentes, os sentimentos que experimentavam, as observações que faziam — dos quais se formaram os nossos.*

Antonio Candido, *Formação da literatura brasileira*

Sumário

Prefácio: Teatro sob a ótica da teoria crítica   I
Advertência   5
Introdução   9

I. Enquanto Seu Lobo não vem   55
II. Sob o signo da autocrítica   101
III. O filho pródigo   141
IV. As vicissitudes da dramaturgia nacional-popular   165

Bibliografia   175

Prefácio:
Teatro sob a ótica da teoria crítica

A palavra de ordem na cena paulistana de fins dos anos 1980 era dada pela obra de Artaud, Grotowski, Beckett, teatrólogos que considerávamos muito acima do besteirol carioca — única tendência a rivalizar com o pessimismo de fim do século. Parecia não haver alternativa. O teatro pós-moderno se impunha.

Na faculdade de Filosofia da USP, algumas pessoas estavam interessadas em teatro, um pequeno grupo, é verdade. Pequeno, pequeno mesmo: de início éramos Vivian Breda, Raquel Prado e eu — alunas da FFLCH e com certa prática em teatro. O padrão vigente era um vanguardismo difuso mas, quando fomos apresentados ao trabalho de Iná Camargo Costa, doutoranda em Filosofia e então professora de Teoria Literária da USP, tudo isso foi colocado em perspectiva.

Pode-se dizer que o contato com Iná contribuiu para que nos déssemos conta de que, antes de lidar com o teatro contemporâneo, de estudar o teatro da crueldade ou o teatro do absurdo etc., teríamos de conhecer a fundo a teoria dos gêneros literários a fim de distinguir, na composição de peças e na encenação de espetáculos, as implicações políticas das opções formais pelo lírico, épico ou dramático. Partindo da estaca zero, organizamos um grupo de estudos sobre a *Poética*, de Aristóteles, que contou com graduandos, pós-graduandos e professores, dentre os quais Iná Camargo Costa. Em encontros semanais feitos em sua casa, Anna Lia Amaral de Almeida Prado orientou a leitura *pari passu* do texto de Aristóteles. Embora nenhum de nós fosse da área de Letras Clássicas, Anna Lia não fez concessões na abordagem do texto em grego e na análise conceitual, numa atitude de respeito para com alunos e colegas, modelo de idoneidade na conduta acadêmica. Demos prosseguimento às atividades do grupo com o estudo sobre a *Teoria do drama moderno*, em paralelo à leitura das peças analisadas por Peter Szondi. A pesquisa se estendeu por Aristófanes e pela teorização do drama burguês empreendida por Diderot. Embora os trabalhos do grupo tivessem se interrompido aí, o tema frutificou entre vários de seus membros e foi a base de minha própria trajetória como pesquisadora. Continuamos a nos encontrar com certa regularidade para assistir a espetáculos teatrais do circuito paulistano, e daí em diante sempre mantivemos contato.

Em 1996, saiu *A hora do teatro épico no Brasil*, livro em que Iná Camargo Costa analisa a produção teatral de militantes de esquerda no entorno do golpe de 1964: em 1958, Gianfrancesco Guarnieri, com *Eles não usam black-tie*, toma a iniciativa de colocar operários como protagonistas, ainda que em chave dramática. Após as conquistas de tendência épica em *Revolução na América do Sul*, de Augusto Boal, e *A mais-valia vai acabar, seu Edgar*, de Oduvaldo Vianna Filho, a militância sofre reveses até que a vanguarda se torne assumidamente conservadora na montagem de *O rei da vela*, de Oswald de Andrade, dirigida por José Celso Martinez Corrêa em 1967.

A análise detalhada das peças e sua inserção naquele momento histórico, marcado pela crítica ao capitalismo no Brasil, representaram um marco na teoria literária voltada para a dramaturgia brasileira. Isso porque *A hora do teatro épico no Brasil* não seguia o

Prefácio: Teatro sob a ótica da teoria crítica

lugar-comum de catalogar as peças indistintamente num grande painel cronológico nem as amontoava na categoria estanque de teatro político, equivalente a determinado período da história nacional. Ao invés disso, a autora demonstrou que a incorporação de novos conteúdos, como o papel combativo do operariado brasileiro na virada dos anos 1960, batia de frente com a forma do drama. *A hora do teatro épico no Brasil* comprovava assim que escolhas formais denotam dificuldades objetivas enfrentadas pelos autores em questão, os quais assumiam uma postura política de enfrentamento, mas se viam diante de uma estrutura opressora inclusive no âmbito dos recursos artísticos de que dispunham.

Vinte anos depois de formado o grupo da *Poética*, já como professora do departamento de Filosofia da Unesp e membro da comissão de publicações da unidade de Marília, garimpei a dissertação de mestrado de Iná Camargo Costa, *Dias Gomes: um dramaturgo nacional-popular*, defendida na USP mas redigida quando ela própria lecionava na Unesp de Marília. Tendo recebido o aval da autora para que seu texto inédito fosse publicado, nosso Laboratório Editorial se viu diante da necessidade de digitar a dissertação na íntegra, uma vez que a digitalização do texto escrito à máquina não permitia proceder à necessária revisão para o formato de livro.

No esforço por viabilizar a publicação do texto de Iná Camargo Costa, fica evidente nossa opção por uma constituição coletiva do saber, na contracorrente de uma prática universitária entendida como iniciativa privada. Em nome de uma suposta neutralidade na avaliação do trabalho acadêmico, aplicam-se à universidade pública critérios de competitividade que, dentre outras inúmeras exigências, como a entrega de planilhas semelhantes às que se impingem a funcionários de banco, impõem o dever de publicar textos com a mesma celeridade e automatismo de uma linha de produção. Assim, professores e alunos passaram a se ver como gestores de sua carreira, quando não gestores *tout court* – de departamento, de projetos de extensão, de empresas juniores.

Porque a mão invisível do mercado veio tolher a autonomia de pesquisa e docência no ensino superior, subordinou-se qualquer atividade acadêmica aos índices de produtividade do mundo corporativo, numa completa inversão de valores, pois, se o objetivo maior de toda universidade é instigar o pensamento crítico, sua especificidade está em resistir às injunções mercadológicas.

Desde a redação definitiva de *Dias Gomes: um dramaturgo nacional-popular* até a data de sua publicação passaram-se quase trinta anos, portanto não se pode dizer que a autora tenha se rendido a esse mecanismo perverso. Considerado em seu conteúdo, o livro também não perde em atualidade, uma vez que permite ao leitor ter acesso a um vasto material e constatar que não se pode compreender o teatro atual sem passar pela experiência épica do teatro brasileiro e internacional, no século XX.

A publicação sai fortemente recomendada por uma professora da casa, Célia Tolentino. Além de ter trabalhado ao lado de Iná na Unesp de Marília, Célia Tolentino lida com a versão cinematográfica da obra de Dias Gomes e com a cultura nacional-popular forjada naqueles anos. Assim, com a finalidade de repropor criticamente a obra de Dias Gomes, mas em escala nacional – dada a notoriedade de suas criações no âmbito televisivo –, a Oficina Universitária estabeleceu uma parceria com a Editora Unesp para que *Dias Gomes: um dramaturgo nacional-popular* pudesse chegar às livrarias de todo o país.

Ana Portich
Professora do Departamento de Filosofia
Unesp – Marília

Advertência

A publicação deste livro pode ser caracterizada como uma legítima produção da Universidade Estadual Paulista (Unesp), pois ele nem sequer teria sido recuperado se não fosse a iniciativa da professora Ana Portich, do Departamento de Filosofia de Marília, onde eu mesma dava aulas quando foi escrito e depois apresentado e defendido como dissertação de mestrado no Departamento de Filosofia da Universidade de São Paulo (USP). Mas, para já adiantar uma das causas de sua permanência na condição de inédito, é preciso lembrar que naqueles saudosos e "improdutivos" anos de 1980 não passava pela cabeça de ninguém que fosse o caso de publicar uma dissertação de mestrado, considerada então como a partida preliminar do verdadeiro jogo que seria o doutorado. Mas, com a exposição dos fundamentos histórico-políticos das análises aqui presentes e como transição para a tese propriamente dita, a Introdução desta obra foi publicada primeiro na revista *Discurso*, do Departamento de Filosofia da Faculdade de Filosofia, Letras e Ciências Humanas da Universidade de São Paulo (FFLCH-USP) e, depois, na coletânea de ensaios *Sinta o drama*. E com o título *A hora do teatro épico no Brasil*, a tese propriamente dita foi publicada sem este texto que agora é devolvido a seu lugar original, graças ao empenho das professoras Ana Portich (já mencionada e que expôs algumas das razões da "operação resgate") e Célia Tolentino, a quem faço questão de agradecer de imediato.

O professor Fernando Novais costuma dizer que, se em um texto houver alguma coisa que pode ser renegada cinco anos depois, então ele nem deveria ter sido escrito. Adepta desse critério, autorizei com alguma surpresa a publicação de um texto de quase trinta anos porque ao longo deste tempo não apenas continuo sustentando as teses nele presentes como acredito tê-las no máximo desenvolvido em sentido argumentativo, de modo a apontar para as contradições, inclusive estéticas, que o teatro como mercadoria da esfera cultural é obrigado a enfrentar. Em outras palavras, como cabeça-dura assumida, continuo sustentando as mesmas opiniões da década de 1980, principalmente sobre as determinações políticas e ideológicas da elaboração artística. Quando esta é pautada pelo programa da aliança de classes, como é o caso das peças de Dias Gomes aqui analisadas, os adversários — caso da autora — podem esperar e seguramente hão de constatar verdadeiros desastres do ponto de vista estético. Como tentamos demonstrar pelas análises, estes mesmos desastres são muito eloquentes, pois constituem registros, verdadeiros documentos, dos descaminhos da nossa vida cultural, independentemente do sucesso ou fracasso em cena ou, se preferirmos, do êxito em nosso sempre raquítico mercado teatral. A decisão de dedicar toda uma pesquisa à trajetória do dramaturgo, bem como à análise mais ou menos pormenorizada de um conjunto específico das suas peças decorreu desta convicção produzida especialmente pela leitura da obra crítica de Antonio Candido, em particular a *Formação da literatura brasileira*: independente do valor estético, precisamos conhecer criticamente as obras dos autores que nos antecederam, inclusive (e talvez sobretudo) para entender os seus erros e, aprendendo a identificá-los, forjar os critérios que permitam descobrir caminhos menos desastrosos. No caso da dramaturgia brasileira, esse trabalho de análise e interpretação crítica das formas foi basicamente apoiado no aparato crítico introduzido no Brasil por Anatol Rosenfeld, um dos leitores mais consequentes da obra de Dias Gomes e autor do primeiro livro a ter "teatro épico" em seu título.

Foi essa a pauta do presente trabalho, que nesse sentido tem mesmo um caráter bastante escolar: são análises de peças teatrais em que conscientemente foram experimentadas categorias provenientes da tradição dialética pouco ou nada correntes na academia (e na crítica teatral) até então. Cabe ainda acrescentar que, para além das minhas simpatias teóricas, a orientação de Otília Arantes foi decisiva em muitos sentidos, dos quais aqui interessa enumerar pelo menos dois: primeiro, por assegurar que um trabalho como este tinha direito de cidadania num Departamento de Filosofia, pelo menos na área de Estética, e, em segundo lugar, por orientar o rumo e o fundamento destas análises em diálogo que se iniciou antes de meu ingresso no mestrado e tem se desenvolvido sem interrupção até hoje.

Nestes trinta anos muita coisa mudou no panorama da pesquisa no campo das artes cênicas, mas acredito que a publicação deste trabalho pode contribuir para a percepção de que ainda estamos longe de poder dizer que a análise dialética do texto teatral faz parte do repertório da crítica no Brasil. Se essa expectativa se verificar, darei por cumprida a minha tarefa.

Finalmente, fica o registro dos meus agradecimentos à simpática acolhida do projeto como um todo pela Editora Unesp.

São Paulo, abril de 2017

Iná Camargo Costa

Introdução

1. Produção, difusão e neutralização do teatro épico

> *Ainda que seja apenas para dar conta dos novos âmbitos temáticos, uma nova forma dramática e cênica é necessária.*
>
> Brecht, 1929

> *A obra de arte do realismo socialista parte dos pontos de vista da classe proletária e se dirige a todos os homens de boa vontade.*
>
> Brecht, 1955

Começa a haver teatro moderno no Brasil, ao menos de maneira sistemática, ou organizada, ou ainda como programa viável em termos econômicos, com o TBC de São Paulo. Por outro lado, não se pode ignorar que, desde os anos 1920, aqui e ali surgiam sintomas (a cada manifestação mais crônicos) de que havia gente interessada num teatro minimamente sintonizado com a verdadeira revolução das artes cênicas, então em andamento pelo mundo afora.[1] Exemplos desses sintomas, não necessariamente em ordem

---

[1] Essa gente não fazia parte apenas do grupo dos militantes da ribalta. Estes percebiam de alguma forma que havia público para algo "novo".

cronológica ou de importância, são o Teatro de Brinquedo, as peças de Oswald de Andrade, o Teatro do Estudante, Os Comediantes e os amadores paulistas GUT e GTE, participantes mais diretos do processo que culminou com a criação da primeira companhia de teatro profissional explicitamente comprometida com a, digamos assim, atualização das artes cênicas no Brasil.

Embora Oswald de Andrade e Nelson Rodrigues já sejam dramaturgos identificados com o que estamos chamando – de maneira um tanto desconfortável – de teatro moderno, só se pode falar da moderna dramaturgia no Brasil a partir dos anos 1950, com autores como Jorge Andrade. O dramaturgo de que nos ocuparemos pertence de algum modo a essa geração. Melhor dizendo: neste trabalho nos restringiremos à parte de sua obra que participa do movimento de consolidação dessa nova dramaturgia numa de suas vertentes mais importantes.

Ao tomar a data de fundação do TBC (1948) como o momento em que o teatro moderno finalmente conquistou um espaço no Brasil, estamos nos dispondo mais a suscitar um emaranhado de problemas do que a propor uma espécie de certidão de nascimento (com a respectiva menção dos padrinhos, pais, avós e período de gestação) da criança. Contudo, antes que se formem expectativas infundadas, não custa esclarecer que "suscitar problemas" aqui mal significa identificar alguns e aflorar outros sem nenhuma

---

É assim que, em seu depoimento sobre a experiência do grupo Os Comediantes (1940-47), Luiza Barreto Leite comenta que "a influência d'Os Comediantes, jamais totalmente reconhecida por seus contemporâneos, profissionais ou amadores, mesmo impregnados de ideias semelhantes, não teve a menor atuação direta sobre o espírito dos proprietários do comércio teatral: foi exercida indiretamente, *através do público, esse mesmo público caluniado pelos empresários que usavam e usam suas supostas preferências como pretexto para as maiores ignomínias*" (cf. Leite, A fase heroica, *Dionysos*, p.42. Grifos nossos).

Introdução

esperança de sequer ter encontrado a maior parte deles. Nesse sentido, as próximas páginas podem muito bem ser lidas como eventual projeto para futuras pesquisas.

Antes de tudo, pode ser útil dar alguns dos motivos que justificam a escolha da incômoda expressão "teatro moderno". Em primeiro lugar, ela é a mais frequentemente usada não só por estabelecer uma oposição ao "velho" teatro profissional das companhias de atores, como Procópio Ferreira e Jayme Costa, mas também por identificar uma postura em relação ao teatro bastante afinada com o período (de "modernização") que se abre no Brasil com o pós-guerra e a queda da ditadura Vargas.[2] Diríamos que, apesar dos mal-entendidos que pode provocar, "teatro moderno" tem seus direitos históricos.[3] Além disso, mesmo considerando

---

2 Embora seja impossível dar conta da história de nossos processos de modernização no espaço de uma nota, para evitar mal-entendidos é bom lembrar que a geração que deu impulso ao TBC é ela própria fruto da experiência com os resultados de pelo menos dois episódios importantes da moderna cultura no Brasil: a Semana de 22 e a generalização da cultura moderna promovida pela Revolução de 30. Não se pode ignorar, por exemplo, o peso da formação propiciada pela Universidade de São Paulo (de 1934) aos futuros militantes paulistas do movimento de teatro amador (estamos pensando nas observações de Antonio Candido em A revolução de 1930 e a cultura, *A educação pela noite e outros ensaios*, p.184). Sábato Magaldi é um crítico que explicitamente identifica o espírito da Semana de 22 com o que animou o TBC (cf. Magaldi, Visão do teatro brasileiro contemporâneo, *Cultura*, p.18-9). Por outro lado, o período de "modernização" que se abriu com o pós-guerra (mais conhecido como "desenvolvimentista") tem pressupostos e características de que só podemos tratar mais adiante. As aspas vão justamente por conta do fato de que, nessa nova conjuntura (socioeconômica, política e cultural), as características mais importantes do movimento modernista internacional já se perderam. Não obstante isso, o teatro desse período no Brasil é conhecido como moderno.

3 Décio de Almeida Prado, o mais importante crítico teatral paulista desse período, além de ter sido um dos impulsionadores de todo o

que a opção de Sábato Magaldi por "teatro contemporâneo"[4] talvez seja mais adequada, ao menos do ponto de vista cronológico, tentaremos mostrar que as duas expressões apresentam problemas quando referidas ao teatro que se passou a fazer no Brasil depois de 1948.

Finalmente, e para não insistir demais no assunto, "teatro moderno" estabelece um vínculo explícito com algumas de nossas fontes mais substanciais: Lukács, Peter Szondi e Anatol Rosenfeld.[5]

De modo a facilitar um pouco nossa vida, passaremos então a expor *sumariamente* o que entendemos por teatro moderno para depois tentar ver como e em que medida, no Brasil do pós-guerra, após o período necessário da importação, ele passou a ser produzido de forma deslocada em muitos sentidos.

O *conceito* de teatro moderno compreende o processo histórico desencadeado pala crise da *forma do drama* através da progressiva introdução de elementos épicos em seu interior, que culmina com a produção de uma nova forma de dramaturgia – o teatro épico.[6]

---

movimento, publicou sua primeira coletânea de críticas com o título *Apresentação do teatro brasileiro moderno*; por razões semelhantes às do crítico paulista, Gustavo Dória, um dos fundadores do grupo Os Comediantes, publicou seu *Moderno teatro brasileiro* com este título.

4 Cf. por exemplo Magaldi, *Panorama do teatro brasileiro*, p.193.

5 Cf. Lukács, *Il dramma moderno*; *Teoria do romance*; Rosenfeld, *O teatro épico*; *Teatro alemão*; *Teatro moderno*; e Szondi, *Teoria del dramma moderno*.

6 Estamos adotando a expressão "teatro moderno" com o objetivo de estabelecer uma distinção clara entre esta exposição e os trabalhos de Lukács e Peter Szondi que em muitos momentos se referem ao mesmo processo mas usam o conceito "drama moderno". Como há também diferenças importantes entre os dois pensadores, passamos a apresentá-las com algumas indicações sumárias.
Para Lukács (cf. *Il dramma moderno*), drama moderno corresponde ao que chamaríamos mais adequadamente "drama burguês", e ele mesmo o faz em diversos momentos, conceito no qual estaria incluído um Shakespeare, por exemplo. A partir da obra de Ibsen, Lukács já identifica procedimentos que colocarão a forma do drama burguês em crise,

Introdução

É bastante conhecida a "tabela" comparativa entre drama (chamado também "teatro aristotélico") e o teatro épico elaborada por

abrindo caminho para o drama moderno. Ele demonstra que o drama burguês tem como pressuposto o indivíduo, enquanto o drama em crise pressupõe o individualismo; esse importante deslizamento tem resultados temáticos e formais que abrem novos caminhos para a dramaturgia. Simplificando bastante, poderíamos dizer que a análise de Lukács incide sobre dois momentos de um mesmo objeto em seu devir histórico: o drama burguês e sua crise. Já Peter Szondi exclui de seu conceito de drama moderno a produção correspondente àquilo que Lukács chama de drama burguês. Em sua análise, drama moderno corresponde à dramaturgia que se produziu de Ibsen aos nossos dias. Sem chegar a uma conclusão, porque acompanha um processo que para ele não se encerrou, sua obra acaba com uma análise da provável obra-prima de Arthur Miller, *A morte do caixeiro-viajante*.

Esses dois autores constituem, sem sombra de dúvida, ponto de partida obrigatório para qualquer reflexão sobre dramaturgia que tenha um mínimo de interesse em não se perder na dispersão dos fenômenos de superfície. Mas apresentam limitações que precisam ser reconhecidas, pois do contrário corre-se o risco de reproduzir seus próprios limites. No caso de Lukács, independentemente de suas problemáticas fontes teóricas (cuja crítica ele próprio realizou em obras posteriores), o maior limite é de ordem histórica: produzida nos anos de 1908 e 1909, a reflexão é suspensa na análise dos caminhos abertos pelo naturalismo e nas tentativas de ultrapassá-lo (impressionismo, naturalismo lírico, expressionismo). Mas, em seu favor, deve-se registrar que, apesar de no fundo esperar pela elaboração de um "grande drama" (resultado de seus limites teóricos), o filósofo identifica já em Hauptmann e em Strindberg o aparecimento de "uma forma que cada vez mais se aproxima do romance", assim como em sua análise da obra de Bernard Shaw, apesar dos sérios problemas que reconhece, já percebera a transformação do drama em "drama épico". Não se trata de profetizar: Lukács não espera pelo aparecimento de um Brecht (e, como se sabe, depois faz severas restrições ao seu teatro épico, que acusava de formalista, no mínimo); ao contrário: como se vê em sua reflexão posterior, ele aposta suas fichas em outra direção. Mas suas simpatias não o impedem de detectar na crise do drama burguês os componentes

Brecht,[7] na qual se sintetizam as principais alterações imprimidas à forma do drama para se chegar à épica. Mas é de Anatol Rosenfeld a exposição mais didática das duas formas que delimitam o conceito de teatro moderno.[8]

---

formais que conduziram ao teatro épico. O próprio Alfred Doblin, o primeiro a utilizar, segundo Piscator, o conceito "teatro épico", deve ter se valido da reflexão de Lukács.Uma das contribuições mais importantes de Peter Szondi há de ter sido o deslizamento do conceito de drama moderno, dele excluindo o drama burguês. Sua limitação, entretanto, parece ser de fundo: na medida em que não identifica uma mudança qualitativa no capitalismo (mais nítida após a Segunda Guerra Mundial), seu trabalho dá continuidade à reflexão de Lukács apenas no sentido de apresentar o teatro épico como um capítulo, entre outros, do drama moderno, e de explicar os modos de inserção de autores mais recentes (como Sartre ou Arthur Miller) no processo ainda inacabado de sua constituição. Um outro avanço é a introdução (apesar de tudo) do teatro épico como critério: com isso, Szondi pode analisar a dramaturgia do século XX a partir de dois outros conceitos/critérios derivados: o da tentativa de salvar a forma do drama e o da tentativa de resolver a crise formal, sendo que neste segundo caso o horizonte é sempre o teatro épico. Como se verá ao longo das páginas que seguem, nosso trabalho procurou em mais de um sentido radicalizar o critério proposto por Peter Szondi que, por sua vez, se apoiou na lúcida "suspensão de juízo" de Lukács.

7 Cf. Brecht, Apogeo y caída de la ciudad de Mahagonny, *Escritos sobre teatro* I, p.90.

8 Apenas a título de recapitulação, de acordo com Anatol Rosenfeld, uma vez que o pressuposto histórico do drama é o indivíduo autônomo (livre, no sentido kantiano), o eixo do drama é a *ação* que resulta sempre de um *conflito* de vontades (concepções e objetivos contrários) cujo veículo essencial é o *diálogo*. Em função dessas características fundamentais, o *tempo* do drama é o presente (a ação *desenrola-se* diante do espectador), ficando interditados o passado e o futuro. Finalmente, no plano da encenação, o drama exige a produção da ilusão, ou seja, a "quarta parede" e a total identificação entre ator e personagem (cf. Rosenfeld, *O teatro épico*, p.18-24).

Introdução

Além das razões já apresentadas (cf. nota 6, p.12-4) para a atualização de tal conceito, cabe acrescentar que, embora nossa preocupação continue sendo, como a dos autores referidos, com a dramaturgia, acreditamos que, a partir das experiências teatrais do final do século XIX, a reflexão não pode deixar de incluir os processos de encenação, por um lado, e as relações de produção, por outro. Sobretudo esse segundo aspecto — na medida em que tem sido negligenciado mesmo quando sua importância é reconhecida —, em função do qual a produção teatral moderna aponta para aspectos essencialmente políticos que aos poucos passarão a fazer parte de seu próprio conceito. Em vista disso, orientaremos essa primeira aproximação no sentido de dar destaque ao lado político do conceito de teatro moderno, que tem aparecido no máximo como *pressuposto*, no caso de autores como Lukács ou Adorno.[9]

Datam do final do século XIX — por razões que veremos a seguir — as alterações que dramaturgos, por um lado, e encenadores/diretores, por outro, começam a imprimir à forma do drama.

---

9 Lukács, que foi um dos diretores nos anos 1904-1907 da versão húngara do *Théâtre Libre* (a *Thalia Gesellschaft*), reconhece que os fatores econômicos e, em consequência, sociais e políticos, são negligenciáveis "apenas na medida em que o discurso permanece extremamente geral [...] [quando] o objetivo da discussão é apenas a evolução de um gênero" (cf. Lukács, *Il dramma moderno*, p.12), o que nos permite acrescentar: na medida em que a evolução do gênero *no essencial* já se encontra exposta, trata-se agora de examinar as determinações que foram negligenciadas. Por outro lado, Adorno, numa das passagens em que se refere à determinação política da produção cultural contemporânea do teatro moderno (vanguarda), lembra que "no decurso da Primeira Guerra e antes de Stálin, as opiniões política e esteticamente avançadas conjugavam-se" (cf. Adorno, *Teoria estética*, p.284). Trata-se, em nosso caso, de tentar *demonstrar* essa proposição de Adorno com os critérios propostos por três autores contemporâneos do processo: Walter Benjamin, Brecht e Piscator.

Dias Gomes

Em Chekhov não há propriamente ação dramática; em Hauptmann, o teatro começa a *narrar*; Strindberg, com seu "drama de estação", recua no tempo; e diretores como Gordon Craig e Appia combatem a ilusão da "quarta parede" com palavras de ordem como o "antinaturalismo cênico".[10] As duas primeiras décadas do século XX assistem ao vertiginoso desenvolvimento dessas tendências por quase toda a Europa e mesmo nos Estados Unidos. É assim que na Rússia temos os trabalhos de Gorki, Chekhov e, mais tarde, de Maiakovski entre os dramaturgos; entre os encenadores, Stanislavski, Meyerhold e Vakhtangov. Na Alemanha, a galeria é incontável: Toller, Sternheim, Karlheinz Martin e Hermann Schuller são alguns dos nomes com os quais Piscator trabalhou diretamente. Com certeza o diretor mais conhecido, inclusive fora da Alemanha, é Max Reinhardt. A França conheceu Jacques Copeau, Romain Rolland, Jacques Prévert, Marcel Achard, Armand Salacrou e o quarteto Baty, Dullin, Jouvet e Pitöef. O italiano mais conhecido é Pirandello, e os "ingleses" que saíram da Irlanda são Bernard Shaw, O'Casey e Synge. Nos Estados Unidos, tivemos em particular os grupos Theatre Guild e Group Theatre, que contaram com nomes como Elmer Rice, Sidney Howard, Eugene O'Neill e Clifford Odets. Mas é sobretudo nos anos 1920 e 1930 que o processo realmente se desenvolve deste lado do mundo.

---

10 A exposição das alterações ocorridas no drama já foi feita, como mencionado, por Lukács e Peter Szondi. O mesmo pode ser dito de *Teatro moderno* de Anatol Rosenfeld, ainda que a obra tivesse outros objetivos (trata-se de coletânea de ensaios escritos em diferentes ocasiões). As revoluções produzidas na encenação descendem no essencial das propostas de Appia e Gordon Craig, que começaram dirigindo óperas. O primeiro nunca abandonou seu terreno (Wagner), enquanto o segundo, após um curto período encenando óperas em Londres, além de ter se tornado um especialista em Ibsen, dedicou-se sobretudo à divulgação de suas concepções através de revista *The Mask* (1908-1929) e de seus livros.

Introdução

A enumeração anterior tem apenas a intenção de mostrar que o processo ao qual também podemos chamar de "transição para o teatro épico" contou com a participação de gente de todos os tipos, inclusive em permanente debate, pois suas realizações muitas vezes se colocavam em extremos opostos: aparentemente não há nada que identifique um encenador espetacular e requisitado como Max Reinhardt e um autor adepto do naturalismo como Gorki, mas eles estão muito mais ligados do que gostariam de admitir. Uma segunda intenção é a de nomear um pouco a esmo alguns dos membros dessa "família" que produziu a grande obra coletiva chamada por Brecht de "linguagem internacional do teatro".

Por razões que para nós são óbvias, o primeiro país a conhecer o teatro épico em sua "forma acabada" foi a União Soviética: *Mistério bufo* (1918), de Maiakovski, dirigida por Meyerhold, é apenas uma dentre as muitas obras épicas que o teatro soviético apreciou no período heroico da Revolução.[11] Essa peça teatraliza exatamente a Revolução de Outubro num formato que rejeita ponto por ponto todos os traços estilísticos da forma do drama.[12] Não foi, contudo, entre os soviéticos que surgiu a teoria do teatro épico, mas na Alemanha.[13]

---

11 É provável que a mais ambiciosa tenha sido a *Tomada do palácio de inverno*, obra coletiva em todos os sentidos, encenada a 7 de novembro de 1920 por Ievreinov (uma espécie de "coordenador de direção"), contando com 15 mil participantes e 100 mil "espectadores".

12 Seu nome já sugere uma das fontes do teatro épico – o mistério medieval (cf. descrição de Anatol Rosenfeld em *O teatro épico*) –, mas o mais importante nessa peça é que, sendo seu conteúdo a história da Revolução de Outubro, antecedentes e problemas conjunturais, o drama não seria capaz de traduzi-lo em obra de arte; ao contrário, se Maiakovski tentasse fazer um drama, destruiria seu conteúdo.

13 Como já vimos, a reflexão de Lukács, sobretudo relativa à obra de Hauptmann (mas também às de Arno Holz, Strindberg e Bernard Shaw), no mínimo apontava para o *conceito* de teatro épico, tendo ele mesmo usado a expressão "drama épico". Durante os anos 1920,

Dias Gomes

Não há necessidade de enumerar as características da forma a que chegaram primeiro os russos soviéticos e depois os alemães; para as finalidades deste trabalho, interessa apenas mencionar aquilo que constitui o pressuposto fundamental do teatro épico: se Lukács demonstrou que a passagem do indivíduo para o individualismo, como experiência histórica, teve por resultado a crise do drama, podemos afirmar, com Anatol Rosenfeld, que a solução dessa crise, configurada pelo teatro épico, é resultado de uma nova experiência em que o centro não está mais no indivíduo, mas no complexo das relações sociais (situações, como diria Brecht, entre outros) – em outras palavras, o solo do indivíduo desapareceu, sobrevivendo-lhe o individualismo como ideologia em estado puro e as concepções que privilegiam o social como tentativa (nem sempre bem-sucedida, como se sabe) de dar conta da nova realidade. O teatro épico como forma e conceito se desenvolve nessa segunda alternativa. Esse parece ser um dos sentidos da seguinte afirmação de Anatol Rosenfeld: "A ideia épica de teatro resulta de uma concepção que coloca o centro fora do indivíduo".[14]

Alfred Döblin aparece como um defensor entusiasta da tendência: sobre a peça *Bandeiras*, encenada por Piscator em 1924, ao colocá-la num terreno muito fértil "que será procurado pelos que têm algo a dizer e representar, e aos quais não mais agrada a forma empedernida de nosso drama, que obriga a uma arte dramática também empedernida" (apud Piscator, *Teatro político*, p.69). Finalmente, Brecht, Piscator e Walter Benjamin, assim como o próprio Alfred Döblin, numa espécie de trabalho coletivo (mas cada um a seu modo) chegam ao conceito definitivo ao teorizar sobre a prática de que participavam. Os escritos sobre teatro de Brecht até a década de 1930 constituem a principal fonte do novo conceito, e Walter Benjamin, nas duas versões de seu ensaio "Que es el teatro épico?" (In: Benjamin, *Tentativas sobre Brecht*), expõe aspectos importantes do teatro épico.

14 Rosenfeld, op. cit., p.135. Diga-se, a bem da verdade, que não é exatamente esse o conteúdo da formulação de Anatol Rosenfeld. Seria, quando muito, parte (pequena) desse conteúdo, pelo menos por

Introdução

Como se sabe, o terreno em que a figura do indivíduo prosperou foi o período do capitalismo concorrencial, cujo apogeu se verificou na década de 1960. Dois fatos – ligados, mas não de maneira imediata – indicavam que essa fase estava em vias de superação: em 1871 a Europa teve oportunidade de viver, ainda que por pouco tempo e em escala municipal, a experiência daquele espectro que a "rondava", segundo o *Manifesto* de Marx Engels, a Comuna de Paris; e em 1873 o "crack" da Bolsa na Alemanha anunciava à própria burguesia a necessidade de impor alguma disciplina à "livre manifestação do eu" no jogo dos negócios. A derrota do proletariado parisiense não impediu o ascenso continuado de sua organização em escala internacional, tanto no plano da legalidade – na Alemanha, em 1877, o Partido Socialista Operário Alemão (unificado em 1875 em Gotha) elege doze deputados, colocando-se na vanguarda do socialismo internacional – quanto na clandestinidade: em 1870, a Federação Americana do Trabalho (AFL) já é uma realidade, ainda que "ilegal". Esse ascenso, ao final de duas décadas, tem proporções tais que governos burgueses e a Igreja (a *Rerum Novarum* de Leão XIII é de 1891) começam a desenvolver estratégias de neutralização do ímpeto da classe operária. No plano dos negócios, a saída que a burguesia encontrou para os problemas da "livre-concorrência" foi a concentração da "livre-iniciativa" em poucas mãos (cartelização) com seu corolário, a fusão entre o capital industrial e o capital

---

duas razões que convém explicitar. A primeira refere-se ao seu esforço de incluir, sem maiores distinções, experiências épicas como as de Claudel e Wilder e a segunda, bastante ligada à primeira, consiste em *manter*, num sentido constitutivo, o conceito de indivíduo sem problematizá-lo. Essa segunda questão talvez se explique pela época (1965) em que a obra foi produzida: de acordo com Roberto Schwarz, na ocasião Anatol Rosenfeld andava às voltas com um certo marxismo heterodoxo de Brecht (cf. Schwarz, Anatol Rosenfeld, um intelectual estrangeiro, *O pai de família e outros estudos*, p.109).

bancário a que Hilferding chamou de capital financeiro. Em 1900, o processo já se encontrava plenamente configurado e mesmo economistas atuando na perspectiva burguesa já o tinham nomeado: imperialismo.[15] A experiência social dessas novas realidades é o conteúdo que a forma do drama já não tinha como configurar; o drama naturalista foi, em termos históricos, a primeira tentativa de dar conta desse novo conteúdo, com todas as dificuldades que a camisa de força da antiga forma impunha a dramaturgos como Zola, Hauptmann, Arno Holz e outros. A necessidade de dar voz à classe operária que começava a conquistar um espaço na cena política fez que o drama começasse a narrar: o drama deu o primeiro passo em direção ao teatro épico.[16]

Quando dizíamos que entre um dramaturgo como Gorki e um encenador como Max Reinhardt há mais afinidade do que eles próprios gostariam de admitir, estávamos fazendo referência a esse solo comum de onde ambos brotaram, independentemente

---

15 Cf. Hilferding, *O capital financeiro*. Um pouco preocupado (para dizer o mínimo) com a "timidez" dos economistas marxistas da Segunda Internacional ao "enfrentarem a questão", Lenin inicia sua obra mencionando a frequência cada vez maior com que o conceito é utilizado em publicações europeias e americanas. Cf. Lenin, *O imperialismo, fase superior do capitalismo*. In: *Obras escolhidas*, p.573-678.

16 Pelas razões expostas anteriormente, estamos de propósito deixando de dar destaque a autores como Ibsen, que, mesmo prestigiados pelo movimento como um todo, se inscrevem de maneira mais evidente na expressão dramática do *outro lado* desse conteúdo histórico, devidamente identificado por Lukács (e nisso seguido em muitos sentidos por Peter Szondi e Anatol Rosenfeld): o individualismo, o subjetivismo, o solipsismo etc. Razões que também explicam o desinteresse, neste trabalho, por outras experiências culturais cuja contribuição para o teatro épico também já foi demonstrada, tais como os espetáculos de cabaré ou os primeiros desenvolvimentos da indústria cultural (rádio e cinema). Nos estreitos limites desta introdução, o objetivo é apenas indicar as principais conexões que costumam ser negligenciadas.

Introdução

de suas diferenças (que também são importantes): trata-se da presença do movimento operário internacional não apenas a definir, como "fato novo", novas relações políticas com o processo social e, em nosso assunto específico, a pôr em questão diretamente as relações determinantes entre a política e o teatro moderno (a ponto de jovens como Adorno terem acreditado que *a priori* a arte avançada era politicamente de esquerda – cf. nota 9). O fato de todos os dramaturgos e diretores importantes nessa história terem sido, em algum momento, militantes ou ao menos simpatizantes das diversas correntes do movimento operário é apenas um dado menor (Gorki, em 1929, foi eleito membro do Comitê Central do PC Soviético, por exemplo; Maeterlinck foi militante do Partido Operário Belga até 1914; e Max Reinhardt saiu das fileiras da Freie Bühne); importante, no sentido de definir rumos, foi a percepção, pelo Partido Social-Democrata Alemão, do significado de se ter em mãos um meio de produção cultural como o teatro.

Se a ascensão do movimento operário e o imperialismo estão na origem da explosão da forma do drama, tais fatos não constituem razão suficiente para a formação do teatro épico. Este exigiu ainda duas outras experiências que só foram possíveis no século XX e decerto têm aquelas duas como pressupostos. A primeira foi justamente a guerra de 1914; e a segunda, a Revolução de 1917. Nas palavras de Piscator,

> sob uma chuva de ferro e de fogo, a guerra sepultou definitivamente o individualismo burguês. O homem, como ser individual independente ou aparentemente independente dos laços sociais, girando egocentricamente em torno do conceito do seu próprio eu, repousa na verdade sob o túmulo do Soldado Desconhecido.[17]

---

17 Piscator, op. cit., p.154.

Dias Gomes

Ou, ampliando um pouco o alcance de uma das formulações de Horkheimer, a Primeira Guerra mostrou da maneira mais radical possível que "o futuro do indivíduo depende cada vez menos de sua própria prudência e cada vez mais das disputas nacionais e internacionais entre os colossos do poder".[18] A Revolução de Outubro, apenas no que se refere ao teatro épico, além de renovar por toda parte as esperanças revolucionárias seriamente abaladas com o papel desempenhado em 1914 pela social-democracia, pôs nas mãos dos artistas os meios de produção necessários ao pleno desenvolvimento do teatro épico num sentido ainda mais radical que o Volksbühne, na medida em que este, sujeito à conjuntura alemã, continuava submetido às determinações do mercado.[19]

Mesmo sem proceder a uma pesquisa exaustiva, é possível afirmar que, apesar de não contar com um movimento operário tão organizado quanto o europeu, os Estados Unidos nos anos 1920 e 1930 chegaram a esboçar as condições de produção do teatro épico.[20] São desse período organizações teatrais com o mesmo

---

18 Horkheimer, *Eclipse da razão*, p.152.

19 A percepção nítida da diferença entre a situação do teatro na União Soviética e na Alemanha informa o texto de Brecht, já citado, "O teatro como meio de produção", de 1931, assim como o ensaio de Walter Benjamin, "O autor como produtor", que faz parte de seus estudos sobre Brecht (cf. Benjamin, op. cit.). Detalhes históricos, inclusive resoluções dos sovietes sobre a socialização do meio de produção e seu papel decisivo no desenvolvimento do teatro soviético, encontram-se em Hormigon (Org.), *Investigaciones sobre el espacio escenico*.

20 Daí a afirmação de Brecht: "quando há alguns anos se falava de teatro moderno, mencionava-se o teatro de Moscou, o de Nova York e o de Berlim" (op. cit., p.125). E John Gassner, de um outro ponto de vista (de classe), menciona rapidamente o fenômeno em *Mestres do teatro* II, p.367-8. Fica para outra oportunidade a investigação das razões por que o mesmo não ocorreu na França. Brecht, por sinal, é taxativo a respeito: "a dramaturgia francesa alguma vez existiu" (op. cit., p.137), mas podemos adiantar parte do diagnóstico proposto por um francês

Introdução

caráter do Volksbühne, como a New Theatre League e a Theatre Union que, assim como o Group Theatre, deram espaço a experiências nos moldes das de Piscator e Meyerhold, sobretudo em sua versão "agitprop", como é o caso de alguns trabalhos de Orson Welles e Lee Simonson. Tais experiências, entretanto, foram logo esvaziadas por razões de ordem política e econômica: politicamente, o movimento operário americano não teve condições de sustentar (inclusive no nível econômico) por muito tempo esse setor de suas organizações culturais e, economicamente, o mercado teatral e cinematográfico acabou absorvendo os artistas (atores, diretores e dramaturgos) que se "revelaram" no período.

Na segunda metade dos anos 1930, em consequência, a cena americana tem a oportunidade de assistir a pelo menos dois espetáculos ditos de teatro épico, mas já com caráter de simulacro: um deles é a produção "independente" de *Our Town*, de Thornton Wilder (1938), que, utilizando *quase* todos os recursos formais

---

que tentou tirar lições políticas do que chamou "relativo fracasso" de 1968. Para esse autor, ao contrário da Alemanha, a França não conheceu um vasto movimento de teatro político no início do século, o que determinou a virtual inexistência de um repertório como o alemão no atual teatro político francês (que se desenvolve *fora* da Paris "que conta" para os intelectuais). Diz então Jean Jourdheuil: "As causas dessa quase ausência de um repertório político na França parecem ser as mesmas que fizeram de nosso país o último a ser atingido pela crise econômica e que impediram em 1918 os Conselhos Operários. Alguns traços particulares de nossa história, as formas assumidas pela revolução burguesa, explicam por que os intelectuais, beneficiando-se de um status que lhes garantia uma relativa liberdade, assim como uma apreciável estabilidade, não se voltaram da mesma forma que seus homólogos alemães para as organizações operárias. A conjuntura econômica, política e ideológica na França era menos tensa que na Alemanha" (Jourdheuil, *L'Artiste, la politique, la production*, p.265). Expressão teatral dessa "baixa tensão" parece ter sido o reinado absoluto do drama-conversação (cf. Szondi, op. cit., p.72-4).

do teatro épico, descreve com a máxima simpatia a simplicidade da vida sem problemas numa cidadezinha do interior e expõe alguns importantes mistérios da morte, como o que se passa no imediato *post-mortem*, quando as almas ainda não se desligaram da vida de aquém-túmulo; o outro, um pouco mais próximo, pelo conteúdo, das experiências dos anos 1920, pois discute, fazendo graves denúncias, o problema habitacional em Nova York, é a peça *One Third of a Nation* (1938), de um coletivo de autores, produzida pelo Federal Theatre Project. Trata-se de um descendente, para dar um exemplo, da *Revista Clamor Vermelho* de Piscator, apresentado como o *Living Newspaper*, mas sua relação com o teatro épico alemão já está totalmente invertida: agora, o meio de produção está nas mãos do governo burguês (não importa [?] quão progressista), que não hesitou em suprimi-lo assim que seu conteúdo pareceu ultrapassar os limites do tolerável – supressão, aliás, providenciada por mecanismos perfeitamente democráticos, na medida em que suas verbas foram suspensas por decisão do Congresso. O resultado desse processo de neutralização, ou esvaziamento, do teatro épico nos Estados Unidos, em termos de dramaturgia, é a sobrevivência das formas de transição do drama moderno – do naturalismo ao expressionismo –, situação que se mantém após a Segunda Guerra Mundial.

Não é, entretanto, privilégio da dramaturgia americana essa situação que se caracteriza por uma espécie de recuo em relação à forma-limite que é o teatro épico. O mesmo recuo, com diferenças de fuso e de determinações locais (que entretanto se combinam), se verifica na União Soviética, na Alemanha e no resto da Europa. O caso da União Soviética, por ser mais óbvio, não oferece maiores dificuldades: a vitória da facção stalinista sobre as demais correntes do movimento operário que fizeram a Revolução de Outubro teve como resultado, no teatro, o desaparecimento escolhido (Maiakovski) ou forçado (Meyerhold) de todos

Introdução

os que de alguma forma se envolveram com o desenvolvimento do teatro épico e a concomitante elevação a norma das tendências identificadas mais tarde com o realismo socialista – entre o drama naturalista e o expressionista. Daí, portanto, a transformação de Stanislavski em modelo de direção a ser seguido, e não o Stanislavski aberto a todo tipo de experimentalismo, mas o adepto de uma linguagem "realista".

Ainda que, para usar uma formulação de Brecht, o teatro épico em Berlim fosse a última fase evolutiva do teatro moderno (o que, em hipótese alguma, significava o fim de sua história), sua existência não implicava o desaparecimento das demais formas, mesmo as ultrapassadas, pela simples razão de que continuavam muito presentes as forças sociais que nelas encontravam sua expressão. Daí o permanente debate que os escritos de Brecht pressupõem; e dentre as tendências por ele combatidas no final dos anos 1920, uma em particular era vista como intrinsecamente perigosa: a que explorava o domínio exclusivo das emoções primárias, por sua identificação com os métodos de propaganda nazistas. Como se sabe, a ascensão do nazismo apresenta uma notável sincronia com a versão alemã da vitória da corrente stalinista[21] e, se o stalinismo declarou guerra a todas as experiências artísticas que ele desqualificava com o rótulo de formalistas, o nazismo foi muito mais longe: a partir de 1933 levou a efeito uma guerra implacável contra o já referido movimento social que era o mais importante pressuposto do teatro épico. Nesse plano, sua ação foi rigorosamente radical (no sentido de erradicar), pois além de cassar deputados e prender massivamente os militantes dos partidos Comunista e Social-Democrata, Hitler confiscou seus

---

21 Os detalhes dessa sincronia, que obviamente não pressupõe uma relação de causa e efeito, encontram-se, por exemplo, em Claudin, *A crise do movimento comunista*, p.135-6.

bens e ocupou suas sedes.[22] Já no próprio ano de 1933 restavam apenas dois caminhos aos que se envolveram com o teatro épico na Alemanha: a morte ou a emigração. Nessa segunda alternativa, com a consciência mais ou menos clara de que as possibilidades de trabalho existentes em outros países eram bastante diversas das alemãs. O teatro que agora poderia ser feito teria um caráter necessariamente regressivo, como Walter Benjamin registrou em 1938: "o teatro da emigração tem de começar do início; não só deve construir novamente sua cena, mas também seu drama [...] adaptar à vanguarda ocidental burguesa a experiência com os proletários berlinenses".[23]

Alguns emigraram para países neutros, como Suíça, ou para os Estados Unidos, onde encontraram as condições já mencionadas. É o caso de Piscator, cuja presença estimulará importantes desenvolvimentos na dramaturgia americana, ou o de Ernst Toller, que se suicidou em 1939 em Nova York. Outros foram para a França, onde experiências do tipo Outubro (grupo teatral do qual Jacques Prévert fez parte) ou o Teatro de Ação Internacional, de Léon Moussinac, embora vinculadas ao movimento operário, não chegaram a se constituir em organizações de expressão comparável ao Volksbühne.

Na França, aliás, o que parece estar se delineando é antes a tendência, representada em perspectiva semelhante por Thornton Wilder nos Estados Unidos, de se apropriar da forma do teatro épico de modo a neutralizá-la através de conteúdos rigorosamente incompatíveis com aqueles que na Alemanha e na União Soviética haviam exigido a transformação do drama. Essa tendência na França encontrou em Paul Claudel seu mais hábil praticante.

---

22 Ibid., p.124.
23 Benjamin, O país em que não se permite nomear o proletariado. In: _____, op. cit., p.63.

Introdução

Hábil a ponto de ser considerado, por Anatol Rosenfeld, o dramaturgo francês que chegou à forma mais acabada do teatro épico. Sua obra-prima, *O livro de Cristóvão Colombo* (de 1927, publicada em 1935 e encenada por Jean-Louis Barrault em 1954), entretanto, em função de seu conteúdo explícito, do ponto de vista político, está mais para *Rerum Novarum* e *Quadragesimo Anno* do que para a Segunda ou Terceira Internacional. Em se tratando de catolicismo militante,[24] não há o que estranhar, pois o combate levado

---

24 Para uma explicitação extremamente irônica do catolicismo presente na obra teatral de Paul Claudel, cf. Gassner, op. cit., p.421-3. Com outros olhos, Jean Louis Barrault também tece considerações bem mais favoráveis à obra do poeta-embaixador. Cf. Barrault, *Mi vida en el teatro*. Registre-se, ainda, o questionamento da interpretação de Anatol Rosenfeld apresentado por Renata Pallottini, que faz questão de dar destaque à presença do divino na peça *O livro de Cristóvão Colombo* (In: Pallottini, *Introdução à dramaturgia*, p.73-85). Já a crítica de Décio de Almeida Prado por ocasião da turnê de Barrault ao Brasil em 1954, além de oferecer amplo material para se pensar o que foi nossa experiência com o teatro moderno (quando afirma, por exemplo, que "o maior mérito de Claudel é justamente o de ter escrito para um encenador e uma forma de teatro que não haviam ainda nascido"), esclarece com todas as letras a que vinha o dramaturgo: "Claudel [...] não tem vergonha de sua fé, ostenta-a com o maior dogmatismo, a maior indiferença pelos adversários. [...] História, geografia, não são nada para ele. Ele sabe melhor porque julga conhecer a explicação definitiva: a explicação última, a explicação metafísica" (Prado, *Le Livre de Christophe Colomb*. In: *Apresentação do teatro brasileiro moderno*, p.438, 441-2). Ainda sobre nossa experiência, é particularmente significativa a declaração de Flávio Rangel: "Assisti a um espetáculo que até hoje considero o mais maravilhoso que já vi em toda a minha vida. Talvez eu tenha começado a fazer teatro para ver se conseguia montar um espetáculo igual àquele. Continuo tentando, ainda não consegui. Chamava-se *O livro de Cristóvão Colombo*, uma encenação maravilhosa do Barrault. Aquilo me deixou literalmente a um metro do chão" (Flávio Rangel em Haddad, *Depoimentos*, p.49).

a efeito pela assim chamada "doutrina social da Igreja" ao movimento socialista, àquela altura, já dispunha de respeitável história e, no plano da intervenção política propriamente dita, assumia as mesmas características do feito teatral de Claudel: a criação de organismos e movimentos alternativos, mas semelhantes aos criados pela vanguarda operária de modo a neutralizar seu ímpeto ou, de preferência, promover importantes divisões no movimento como um todo. Trata-se, em suma, de uma tática política que Hitler levou às últimas consequências – *expropriar* a classe operária de *todos* os seus instrumentos de intervenção política e, consequentemente, de seus meios de produção cultural.[25]

Outro aspecto daquilo que pode caracterizar uma variante da hostilidade do teatro francês ao teatro épico vai se configurar, no plano da política, já no ano de 1936, com as iniciativas do governo da Frente Popular no "front" teatral.

A Frente Popular assume a tarefa de subvencionar a atividade teatral ou, mais propriamente, atende à reivindicação de Jean Vilar – transformar o teatro num "serviço público" e, em consequência, seus artistas em funcionários públicos, mas apenas aqueles artistas identificados com as várias tendências do teatro moderno na França, inclusive e sobretudo o politicamente engajado. Uma das providências foi empregar na *Comédie Française* o quarteto Baty, Dullin, Jouvet e Pitëf, num momento em que grupos como Outubro e Teatro de Ação Internacional não mais existiam. Agora o teatro que "conta" é impulsionado pelos critérios

---

25 Um quadro das diferentes formas de combate aos socialistas pelos católicos do início do século, em função da correlação de forças, encontra-se em Luxemburgo, El socialismo y las iglesias, *Obras escogidas*, p.205-35. Quanto às iniciativas *oficiais* desde a última década do século passado, cf. Rosal, *Los congresos obreros internacionales en el siglo XIX*.

Introdução

políticos (e estéticos) dos participantes da Frente, os quais dispensam comentários.[26]

Já estão, portanto, apresentados os dois novos "adversários" do teatro épico: de um lado o stalinismo (e veremos a seguir como o próprio Brecht em muitos sentidos "recua" de suas posições no período de consolidação do regime instalado na RDA) e de outro a sobrevivência do capitalismo no pós-guerra. O stalinismo terá

26 Embora não se detenha nos detalhes, Paul-Louis Mignon apresenta um razoável panorama da experiência teatral francesa em todo o período. Cf. Mignon, *Historia del teatro contemporaneo*. Por outro lado, o fato de Léon Moussinac, em sua *História do teatro*, passar ao largo de sua própria experiência e avaliar com entusiasmo o papel da Frente Popular pode ser indicador de seus critérios para a elaboração de uma história do teatro contemporâneo. É assim que, depois de mencionar sumariamente as atividades de Romain Rolland, Henri Beaulieu e outros, o autor encerra as questões com o seguinte comentário (que se refere também ao grupo do qual participou): "Todas essas tentativas eram ilusórias, dado serem muitas vezes alheias ao povo e não dispõem também de meios financeiros suficientes. Uma nova experiência falhou com o Teatro de Ação Internacional no palco dos Bouffes-du-Nord [1932]. Foi preciso esperar pelo movimento político de 1936 [Frente Popular] para que reapareça um Teatro Popular [Teatro Sarah Bernhardt] e sejam dadas no Alhambra representações de *14 de julho* de Romain Rolland, que reuniu a colaboração de Piscator, dos músicos Ch. Koechlin, Darius Milhaud, Honegger, Georges Auric, Albert Roussel, D. Lazarus. Em 1937 foi criada no Velódromo de Inverno uma verdadeira tentativa de teatro de massas com *Nascimento de uma cidade*, de Jean-Richard Bloch (1884-1947)" (Moussinac, *História do teatro*, p.402). Desnecessário acrescentar que o uso da expressão "teatro de massas" corresponde a um passo importante do processo de neutralização do próprio conceito de teatro épico e, curiosamente, a um conceito importante nas análises que Lukács fazia do drama moderno (Cf. Lukács, *Il dramma moderno*), assim como em algumas das proposições fundamentais de Romain Rolland, em 1903, numa espécie de balanço do "teatro popular" em Paris no século anterior (cf. Rolland, *El teatro del pueblo*).

um papel importante também na produção cultural do Ocidente, sobretudo através da proposição de fórmulas como "realismo crítico" (versão ocidental para o "realismo socialista"); a sobrevivência do capitalismo, por sua vez, traz problemas de que trataremos adiante. Nos dois lados da "cortina de ferro", pelo menos um objetivo político era (aliás, continua sendo) comum: impedir a qualquer custo que a classe operária deixe de ser massa passiva e portanto mantê-la sob controle e sobretudo desprovida de liberdade e capacidade de crítica. Em uma palavra: desorganizada. Não se poderia imaginar terreno mais hostil à simples sobrevivência do teatro épico, quanto mais ao seu desenvolvimento. Isso significa a regressão às várias formas transitórias do drama moderno, no caso dos dramaturgos mais consequentes.

É assim que, quando Brecht consegue voltar de seu exílio, encontra uma Alemanha dividida e ocupada pelos quatro exércitos que destruíram Hitler (e a própria Alemanha). Diga-se de passagem que sua volta não foi exatamente fácil: desde a intimação para depor diante da Comissão de Atividades Antinorte-americanas em 1947 até seu estabelecimento na Berlim Oriental em outubro de 1948, o dramaturgo enfrentou sérios percalços. É dessa época a redação de seu *Pequeno Organon para teatro*. Este e outros textos posteriores mostram como, bem ou mal, o maior teórico do teatro épico, ao adaptar-se a condições incompatíveis com esse tipo de teatro, acaba, digamos assim, "adaptando" sua teoria e prática a essas novas condições. Para estabelecer algum vínculo com certo tipo de discurso aparentemente marxista, essa adaptação é apresentada como a superação dialética do teatro épico, até porque tal termo agora lhe parece quase formal.[27] Aliás, ele chega mesmo a dizer que não pode mais "afirmar que a dramaturgia, à qual por determinadas razões qualificara de não aristotélica, e a correspondente técnica

---

27 Cf. Brecht, Teatro épico e teatro dialético. In: _____, op. cit., p.195.

Introdução

épica de interpretação representem a solução" para o problema de reproduzir o mundo de hoje no teatro.[28] Tais mudanças de orientação explicam por que no *Pequeno Organon*, mesmo conservando as técnicas de estranhamento e distanciamento, Brecht simplesmente recupera a ideia de que a ação é o coração do espetáculo teatral[29] junto com seu pressuposto, o indivíduo.[30] Claro que tudo devidamente "amaciado" através de noções como determinações históricas, de classe etc., e de modo a não provocar grandes convulsões quando por fim o autor se manifesta favorável a representações realistas e a seu corolário, o realismo socialista.[31]

Quanto ao lado acidental da cortina de ferro, a observação de Hobsbawm, embora referida a outro período histórico, aplica-se em toda a extensão: "Mal o capitalismo saiu da crise e voltou a se expandir, apropriou-se das expressões artísticas revolucionárias e as absorveu".[32] Agora o inimigo é o imperialismo que saiu de sua crise renovado graças aos feitos econômicos do fascismo e da Segunda Guerra Mundial, apresentando uma nova configuração

---

28 Id., Pode-se reproduzir o mundo de hoje no teatro? In: _____, op. cit., p.197. Note-se o deslizamento do conceito: de "forma" passa a identificar *apenas* técnica de interpretação...

29 Id., Pequeno Organon para o teatro. In: _____, op. cit., p.135.

30 Ibid., p.122.

31 Embora redigidos de maneira extremamente tática, diríamos que os quinze itens relativos ao realismo socialista em geral e ao realismo socialista no teatro demonstram a total capitulação de Brecht (Cf. op. cit., p.201-3). Por outro lado, já que isso é uma nota e o presente trabalho não pretende, em nenhuma hipótese, ser um estudo específico sobre Brecht, não custa arriscar uma proposição um tanto diferente das de Adorno (cf. Adorno; Sartre; Brecht, Engajamento na literatura, *Cadernos de Opinião*): não seria já a dolorosa consciência da, digamos assim, "necessidade histórica" dessa capitulação, que se foi produzindo aos poucos, a inspiração para sua peça *A vida de Galileu* (de 1938)?

32 Hobsbawm, op. cit., p.124.

que também já foi conceituada: capitalismo tardio.[33] Em função de nosso tema, neste momento a característica dessa nova fase do capitalismo que interessa destacar é a da industrialização plena de todos os ramos da economia – da agricultura aos "serviços", incluídas as diversas formas de cultura e lazer. Mais particularmente ainda, no que essa industrialização da cultura significa em termos de expropriação, pelo capital, das formas culturais desenvolvidas ou estimuladas pelo movimento de ascensão do proletariado. Ernest Mandel trata disso quando diz que

> as realizações culturais do proletariado, conquistadas pela ascensão e luta da moderna classe operária [...] perderam aquelas características de atividade genuinamente voluntária e de autonomia com relação ao processo capitalista de produção e circulação de mercadorias, que as definiam no período do imperialismo clássico (especialmente notável na Alemanha, entre 1890 e 1933), e foram introduzidas cada vez mais na produção e circulação capitalista.[34]

Estamos, é evidente, falando da indústria cultural, cujas bases já estavam dadas no início do século e cujos artefatos inclusive fazem parte dos desenvolvimentos produzidos no teatro moderno e que já era um fato nos Estados Unidos dos anos 1930 – devidamente examinado por Adorno e Horkheimer. Neste, como no plano mais amplo da produção cultural do pós-guerra, dando conta inclusive das características assumidas pela vanguarda "renascida" e do obscurantismo cultural cultivado a ferro e fogo por Stálin e seus agentes, as reflexões de Adorno sempre têm como referência básica o tema da regressão, cujo aspecto político

---

33 A exposição mais detalhada do estágio atual do capitalismo talvez se encontre em Mandel, *O capitalismo tardio*.

34 Ibid., p.276.

Introdução

tentamos destacar com apoio numa passagem da *Teoria estética* que já foi parcialmente citada para referir o que agora poderíamos chamar de tentativa de "domesticação" das artes:

> No decurso da Primeira Guerra e antes de Stálin, as opiniões política e esteticamente avançadas conjugavam-se; a quem, na altura, começava a despertar, a arte parecia-lhe *a priori* o que de nenhum modo era em termos históricos: *a priori* politicamente à esquerda. Desde então os Jdanov e os Ulbricht, com a prescrição do realismo socialista, não só acorrentaram, mas destruíram a força produtiva artística; a regressão estética, de que foram responsáveis, é de novo transparente como regressão pequeno-burguesa. Em contrapartida, pela divisão nos dois blocos, os dirigentes do Ocidente, nos decênios após a Segunda Guerra, *assinaram uma paz revogável com a arte radical*; a pintura abstrata é fomentada pela grande indústria alemã e, na França, o ministro da cultura do general De Gaulle chama-se "André Malraux".[35]

O capitalismo tardio, no que diz respeito aos países que conheceram as várias fases de desenvolvimento do teatro moderno, produziu portanto uma espécie de "estado de armistício" com suas formas intermediárias, excluído o teatro épico — sua forma mais avançada — por aquelas razões que já esboçamos, a principal sendo a inexistência de um movimento operário em condições de patrocinar iniciativas que dependessem do teatro como meio de produção. Não obstante o caráter objetivamente regressivo (no sentido exposto por Benjamin e Adorno, já citados) e em muitos casos deslocado da retomada das artes cênicas, não se exclui o interesse positivo de algumas de suas vertentes, sobretudo as que tematizam a nova experiência social, não por acaso através de

---

35 Adorno, op. cit., p.284 (grifos nossos).

formas que apontam em direção ao próprio teatro épico; mas sem excluir as que aprofundam etapas intermediárias em outras direções, como é o caso de Samuel Beckett ao tematizar a experiência da fragmentação.

É nessa direção que seguem as análises de Peter Szondi – extremamente férteis no sentido de explicar sobretudo a produção do pós-guerra –, mas com a limitação de não tomar como referência as mudanças introduzidas no capitalismo tardio. Daí não podermos endossar sem alguma dificuldade sua proposição final de que a cortina ainda não caiu sobre o teatro moderno.

2. Importação e produção do teatro moderno no Brasil

> Encaremos [...] serenamente nosso vínculo placentário com as literaturas europeias, pois ele não é uma opção, mas um fato quase natural. Jamais criamos quadros originais de expressão, nem técnicas expressivas básicas [...]. E embora tenhamos conseguido resultados originais no plano da realização expressiva, reconhecemos implicitamente a dependência. Tanto assim que nunca se viu os diversos nativismos contestarem o uso das formas importadas, pois seria o mesmo que se oporem ao uso dos idiomas europeus que falamos [...]. O simples fato de a questão nunca ter sido proposta revela que, nas camadas profundas da elaboração criadora (as que envolvem a escolha dos instrumentos expressivos), sempre reconhecemos como natural nossa inevitável dependência. Aliás, vista assim, ela deixa de o ser, para tornar-se forma de participação e contribuição a um universo cultural a que pertencemos, que transborda as nações e os continentes, permitindo a reversibilidade das experiências e a circulação dos valores.
>
> Antonio Candido (1957)

Conforme se indicou no início, a exposição que neste ponto se interrompe não pretendeu dar conta do conceito de teatro moderno em toda a sua extensão; teve apenas o intuito de determinar seu

Introdução

lugar natural de modo a indicar algumas das razões do mal-estar que a expressão "teatro moderno" provoca ao identificar o processo vivido, quinze anos depois de iniciado o combate à sua expressão máxima, num país que esteve relativamente à margem de todo o processo que lhe deu origem. À margem, mas acompanhando-o com graus variados de atenção.[36] É assim que, quando o teatro moderno finalmente começou a ser produzido no Brasil, este já dava os primeiros sinais (econômicos e sociais) de que a estratégia de retomada do desenvolvimento encontrada pelo capitalismo tardio fora adequada – o país começa a produzir bens de consumo[37] –, o que significa, nos estreitos limites da produção cultural, a proliferação de uma burguesia com anseios cosmopolitas em

36 Estamos explicitamente adotando como pressuposto a exposição do mecanismo fundamental de nossa vida ideológica desvendado por Roberto Schwarz em seu conhecido ensaio "As ideias fora do lugar". Apenas a título de recapitulação, caberia destacar a questão da diferença de ritmos observável entre nossa vida econômica (social e política) e nossa vida ideológica – vida e ritmos determinados pela parte que nos cabe na gravitação do sistema capitalista. É assim que no Brasil essa espécie de "eternidade das relações sociais de base" (combinação de latifúndio e trabalho forçado que ainda hoje é matéria de controvérsia e tiros) convive com a "lepidez ideológica das nossas elites", as quais, acompanhando à distância mudanças culturais que são expressão de profundas mudanças sociais em seus países de origem, adotam (citam, macaqueiam, saqueiam etc.) as formas de expressão modificadas, mas de modo que estas, em seu desajuste, acabam por refletir, "na sua falha, a espécie de torcicolo cultural em que nos reconhecemos" (cf. Schwarz, As ideias fora do lugar. In: *Ao vencedor as batatas*, p.21-2).

37 Esse processo, identificado como "substituição de importações" pela ideologia desenvolvimentista, na realidade correspondeu à nova estratégia, dos centros do capitalismo, de deslocar investimentos e exportações: em vez de investir em matérias-primas, o capital monopolista investe em bens de consumo e, no lugar dos bens de consumo, passa a exportar meios de produção (máquinas, veículos e bens de capital). Detalhes e aspectos francamente risíveis de todo o processo

Dias Gomes

condições de patrocinar (tanto financiando quanto consumindo) um teatro de padrão internacional. Simplificando bastante, é essa a origem remota do TBC, a empresa que demonstrou concretamente a viabilidade do teatro moderno no Brasil.[38] Mas teatro moderno nos termos indicados: primeiro, como forma desvinculada dos pressupostos sociais que lhe deram origem e, segundo, como prática regressiva nos próprios países de origem, o que nos traz um elemento novo em matéria de contemporaneidade: o caráter que o teatro moderno assume no Brasil é semelhante ao dos outros centros por razões opostas, aqui por falta e lá por "excesso" de experiência com o movimento operário. Isso, bem entendido, sem nos esquecermos de que nossas relações de base permanecem inalteradas. Mas, havendo o referido desenvolvimento do mercado interno – dentro de limites determinados também por aquelas relações de base, como se sabe –, ao menos na superfície (o mercado incluído) o Brasil dos anos de "substituição de importações" apresentava o mesmo tipo de pressupostos para o desenvolvimento do teatro moderno que na Europa e nos Estados Unidos regredira para o espaço conceitual que vai do naturalismo ao expressionismo. Essa é uma das razões por que os dois dramaturgos americanos mais apreciados naqueles tempos heroicos do TBC foram Tennessee Williams e Arthur Miller – identificados como

---

encontram-se em Mandel, O neocolonialismo e a troca desigual. In: _____, op. cit., cap. 11.

38 Até agora não foram devidamente examinadas todas as características e consequências desse empreendimento. Levando em conta aspectos parciais, pelo menos dois autores expõem aspectos importantes do TBC. Um deles é Alberto Guzik com seu *TBC: a crônica de um sonho*, que se tornou referência indispensável. Edelcio Mostaço avança um pouco mais no exame dos "padrões empresariais" do TBC (cf. Mostaço, *Teatro e política:* Arena, Oficina e Opinião). Mas aquela análise pela qual Antonio Candido espera desde os "Feitos da burguesia" (*Discurso* n. 11) ainda não existe.

Introdução

descendentes de Ibsen e Strindberg. Tais informações também ajudam a fazer uma ideia do cardápio de onde retiramos os pratos básicos da dieta moderna: se importamos da Itália os principais encenadores,[39] da França e dos Estados Unidos (sobretudo, mas não exclusivamente) importamos os textos mais apreciados. Tratava-se mais uma vez do processo – já habitual e, por assim dizer, natural, como demonstraram em relação a outros aspectos de nossa literatura Antonio Candido e Roberto Schwarz – de modernização da cultura no Brasil: o da atualização das elites em relação ao padrão internacional[40] que, agora, até mesmo por seu indiscutível caráter de integração das vanguardas (tanto pelos mecanismos do mercado quanto pelo patrocínio estatal ou dos grandes monopólios), significa a generalização, para todo o sistema internacional do capitalismo, da vitória política e consequentemente cultural da burguesia. Para essa generalização, o Brasil era um lugar adequado

---

39 De modo geral, esses encenadores estavam ligados à experiência italiana que resultou numa espécie particular de "realismo crítico". Ruggero Jacobbi, entre os demais, representava a "extrema esquerda", a ponto de não ter sido possível sua sobrevivência nos limites impostos ao repertório do TBC. A exceção – Ziembinski – veio da experiência do expressionismo na Polônia e, por conta das afinidades entre suas técnicas e o repertório que acabaria prevalecendo, deve ser computado entre os que mais puderam "ensinar alguma coisa" aos brasileiros – atores e diretores.

40 É esta a base da penetrante constatação de Luis Carlos Maciel: "Com o aparecimento de Os Comediantes, em 1943, nosso palco passou a recrutar seus novos atores e atrizes nas camadas médias da burguesia [...]. No começo eram poucos [...] mas depois foram se multiplicando até dominar nossos palcos. A primeira vitória foi completada justamente com a criação do TBC [...]. Os jovens, amparados por seu apurado gosto estético e pelos nomes estrangeiros de seus diretores importantes, investiram nosso teatro com uma respeitabilidade desconhecida" (Cf. Maciel, Quem é quem no teatro brasileiro, *Arte em revista*, p.71).

Dias Gomes

como qualquer outro – afinal, estamos sob a égide do capitalismo tardio, que tornou visível um fato antes percebido apenas por gente como Brecht: o caráter internacional da cultura no capitalismo. Os produtos teatrais que foram objeto de tal generalização têm sido identificados por critérios diferentes deste, o que não impede a descrição mais ou menos adequada das linguagens e tendências em suas variadas relações.[41]

Dados esses pressupostos sumariamente apresentados, vale a pena recapitular ao menos algumas das cenas propiciadas pelo processo de produção local da dramaturgia internacional, que durou pouco mais de dez anos se levarmos em consideração o indiscutível papel desempenhado pelos grupos amadores como Os Comediantes (pioneiro) e os paulistas GUT e GTE.

---

41 Não deixa de ser interessante a leitura que Alberto Guzik faz desse processo, inspirado em Ruggero Jacobbi, na medida em que, em certo sentido, ele acompanha a *opinião corrente*, constatando com os habituais deslocamentos as manifestações do fenômeno sem apontar seus pressupostos: "Os cinco anos subsequentes à Segunda Guerra significaram para o teatro mundial um momento de recuperação e mudança. Indubitavelmente, por algum tempo preservou-se a orientação que havia dominado no entre-guerras. Na rotina profissional das companhias das grandes capitais do mundo, o que se encontra são variações ao redor do realismo e da teatralidade. Mas a nota predominante é, ainda, a realista. Ao longo dos cinquenta últimos anos do século passado e por este agora o teatro caminhou rumo a uma aproximação com o cotidiano, que culminou no naturalismo; a tendência permanece até hoje, em milhares de variantes. No segundo pós-guerra, essa preponderância oscila na Europa, fazendo ascender o interesse geral pelas obras de vanguarda. Essa corrente, paralela à realista, evoluiu ininterruptamente a partir do poder solvente do grito dado por Alfred Jarry, induzindo à ruptura, à negação dos valores consagrados pela burguesia. As duas linhas não se anulam mutuamente. Ao contrário, convivem entabulando entre si complexas relações, vindo o realismo a reboque da vanguarda, enriquecendo e transmudando-se em virtude dessa proximidade" (Guzik, op. cit., p.36).

Introdução

Esclareça-se ainda que o fato de ser possível datar de 1955 o início da produção do similar nacional (e com isso estamos provisoriamente fazendo uma opção[42] sujeita a verificações posteriores) não significa afirmar o fim ou sequer a interrupção das importações, ocorrência facilmente observável em outros setores da economia. No teatro, como nas demais áreas da produção cultural (sobretudo as industrializadas), a regra é a convivência dos dois tipos de produto – simples expressão do caráter da cultura –, o que está na origem de tantos surtos nacionalistas tardios em todas as áreas, na medida em que, estando os meios de produção (mesmo os nacionais) determinados pelos interesses dos monopólios, o produto importado acaba dispondo de mais "espaço" que o similar nacional e, de forma nada surpreendente, parece contar sempre com a "preferência do público". Essa questão aparece de forma mais aguda com relação ao cinema, à música, ao rádio e à televisão, de modo que o teatro parece não se obrigar a discuti-la em todas as suas implicações, mas não dispensa o questionamento a sério de "diagnósticos" sobre a dramaturgia brasileira como o de Cacilda

---

42 Alguns esclarecimentos mais que necessários para que tal opção não pareça excessivamente arbitrária: embora em sua obra *Apresentação do teatro brasileiro moderno*, de 1956, Décio de Almeida Prado já apresente dramaturgos brasileiros que podem ser considerados modernos, como Nelson Rodrigues, Pedro Bloch, Abílio Pereira de Almeida e Edgard da Rocha Miranda, entre outros, estamos lançando mão do critério conceitual já exposto, ainda que parcialmente. Em vista desse critério, nossa referência é a encenação da peça *A moratória*, de Jorge Andrade, em 1955, pela Companhia de Maria Della Costa, com direção de Gianni Ratto, a propósito da qual dispomos de duas análises contemporâneas que em si mesmas contêm algumas de nossas razões: a primeira é do próprio professor Décio de Almeida Prado (cf. Prado, *A moratória*. In: _____, op. cit., p.145-51) e a segunda é da professora Gilda de Mello e Souza, que considera *A moratória* a primeira obra-prima do teatro brasileiro (cf. Souza, Teatro ao sul. In: *Exercícios de leitura*, p.109-15).

Becker nos anos 1960,[43] batendo na antiga tecla de que ela ainda estava por ser feita.

Em função do limitado tratamento dado ao teatro moderno como um todo – evitou-se de propósito a questão bem mais ampla das vanguardas históricas –, também no que diz respeito à produção local as referências serão restritas a algumas das montagens mais nitidamente identificadas com a tradição do teatro político, que no Brasil costumava ser chamado "de esquerda". A ideia é dar espaço a informações cuja ausência contribui para a dificuldade de perceber o já referido "torcicolo cultural" – marca de nossa experiência –, que ao mesmo tempo permite suspeitar das razões mais profundas dos mais variados surtos de arbítrio e autoritarismo que volta e meia desabam sobre a cena brasileira.

Dentre os diretores italianos que vieram para cá, em função do critério exposto, cabe destacar Ruggero Jacobbi por sua indiscutível fidelidade ao programa internacional do realismo crítico. Constam de seu currículo montagens importantes como *Tobacco Road*, de Erskine Caldwell (peça estreada em Nova York, em 1933, e um dos maiores sucessos americanos na União Soviética) e *Tragédia em New York* (*Winterset*) de Maxwell Anderson (estreada em 1935, outro exemplar importante do teatro engajado norte-americano). Sua curta passagem pelo TBC deve-se exatamente à postura de "não esconder seus propósitos", como demonstra Alberto Guzik. A montagem que provocou sua demissão do TBC (*A ronda dos malandros*, de John Gay), tanto pelas razões da escolha (em 1950 a censura não "deixaria passar" a *Ópera de três vinténs* de Brecht) quanto pelos não explicitados motivos que, depois

---

43 Numa pesquisa de opinião realizada pela *Revista Civilização Brasileira*, Cacilda Becker declarou com a máxima convicção que *ainda* não havia uma dramaturgia nacional (cf. Pesquisa de opinião: com Cacilda Becker, Ferreira Gullar et al. In: *Revista Civilização Brasileira*, Caderno Especial n.2, Teatro e Realidade Brasileira, p.93-107).

Introdução

de duas semanas de sucesso de público, levaram a direção (leia-se Franco Zampari) a tirá-la de cartaz, mostra como a "sociedade" brasileira estava preparada para o teatro moderno. Aliás, a história do TBC apresenta vários episódios desse tipo – é significativo, por exemplo, o "sucesso de escândalo" obtido pela montagem de *Entre quatro paredes*, de Sartre, em janeiro de 1950: Partido Comunista e Cúria Metropolitana unem-se em furiosa cruzada contra a "ameaça" que, em vista da original aliança que motivou contra si, essa peça deveria representar, não apenas à fé cristã, à moral, à família etc., mas também aos destinos da luta de classes na capital. Fechado esse parêntese e permanecendo no âmbito do cardápio teatral da esquerda (ortodoxa), é de 1951 a montagem da *Ralé*, de Gorki. Essa peça, segundo a crônica mais empenhada, marcou o desembarque no TBC do "método Stanislavski" devidamente filtrado pelo Actor's Studio – um dos poucos redutos do que sobrou da esquerda americana. Foi um grande sucesso de público (cerca de 16 mil espectadores) e de crítica (Décio de Almeida Prado fala explicitamente em renovação da cenografia). Estávamos, pois, aprendendo a ver um drama naturalista (o original é de 1902), mas sem nenhuma observação a respeito do fato de o público do TBC não ser *exatamente* o mesmo a que se dirigia Gorki em seu tempo. Muito menos a respeito das outras possibilidades (épicas) de encenação descobertas e realizadas por Piscator na Alemanha dos anos 1920, à revelia de Gorki, diga-se de passagem. Detalhe que ilustra mais um aspecto dos filtros pelos quais íamos nos atualizando: muitas vezes a simples falta de informação (a tradução brasileira do livro de Piscator é de 1968) ajuda muito. E adaptando um pouco a observação de Roberto Schwarz, apenas para ilustrar o "desconcerto"[44] que foi a importação do teatro

---

44 O "desconcerto" proviria da "sensação que o Brasil dá de dualismo e factício – contrastes rebarbativos, desproporções, disparates,

moderno – sem sair do terreno da esquerda –, é do mesmo ano de *Ralé* a montagem, por alunos da EAD, da peça de 1930 de Brecht, *A exceção e a regra*, encenada pela primeira vez em Paris apenas quatro anos antes.[45] Evidentemente, se passássemos para o âmbito da dramaturgia menos ortodoxa, os contrastes ficariam ainda mais gritantes e se multiplicariam em escala geométrica.

Quando o TBC se transformou numa companhia profissional, escolheu a peça *The time of your life* (1939) de William Saroyan, batizada de *Nick Bar*, para a ocasião. Mas a momentosa estreia indica também a nova direção de nossas "preferências" em matéria de importações: se a França continuava com seu prestígio intocado, os sucessos de público vinham mesmo de Nova York. *The*

---

anacronismos, contradições, conciliações e o que for" (Schwarz, As ideias fora do lugar. In: _____, op. cit., p.19). No caso específico, trata-se de assistir no mesmo ano a peças que correspondem ao início e ao fim de um processo que durou quase trinta anos.

45 Brecht não "teve tempo" de encenar na Alemanha essa peça didática que, aprofundando a experiência formal do "distanciamento" (aparentemente a "história" se desenvolve numa travessia de um deserto na Ásia), mostra o ponto a que tinham chegado as relações humanas no quadro da luta de classes exacerbada (o patrão que assassinou o empregado, pela simples suspeita infundada de que este pretendia matá-lo, é absolvido na justiça por ter agido em "legítima defesa"). Sua estreia ocorreu em Paris, em 1947, no período do "amargo regresso" do dramaturgo, como já foi referido. Quanto à sua encenação pela EAD, num programa que também incluía *Um imbecil*, de Pirandello, e *Palavras trocadas* – uma brincadeira inconsequente em forma de *sketch*, nas palavras de Décio de Almeida Prado –, de Alfredo Mesquita, mereceu vivos aplausos do crítico que, em seu esforço de "desasnar", na medida do possível, o público e a própria "classe teatral", não apenas teve o cuidado de expor didaticamente a "moral" da obra como também registrou a relação arbitrária do diretor com a peça ao enxertar-lhe um trecho da "Canção do tamoio", "por introduzir uma nota familiaríssima de indianismo romântico e brasileiro num debate de política moderna" (Prado, De Pirandello a Brecht. In: _____, op. cit., p.203).

time of your life chegava aqui com algumas boas cartas de apresentação: prêmio Pulitzer de 1940 e um ano em cartaz; garantia de sucesso não desmentida, pois aqui chegou a perfazer cinquenta apresentações. Já a informação de que, entre outras coisas, Saroyan fez parte do Group Theatre, um dos mais esquerdistas dos anos 1930, juntamente com Clifford Odets, Sidney Kingsley, Maxwell Anderson e outros, se circulou, deve ter ficado restrita apenas aos mais chegados. Mais um detalhe da importação do produto final desvinculado de seus pressupostos.

Não é necessário multiplicar os exemplos: nossa experiência com a obra de O'Neill, Arthur Miller, Tennessee Williams, Brecht, Clifford Odets, Pirandello, Ionesco, Beckett, Chekhov, Dürrenmatt – para nos limitarmos apenas a alguns dos dramaturgos modernos de importância inquestionável – pautou-se o tempo todo por esse modelo acima delineado. E como evidentemente não importamos apenas obras desse nível, nem as nitidamente identificadas com preocupações "de esquerda", o quadro geral do teatro moderno no Brasil, em meados dos anos 1950, quando outras companhias em São Paulo e no Rio disputavam, praticamente em pé de igualdade, o mesmo público do TBC, apresentava como característica mais evidente o ecletismo de repertório (acompanhado com deliberada condescendência[46] pelo ecletismo

---

46 Ver a respeito o verdadeiro depoimento de Décio de Almeida Prado na nota introdutória a seu livro citado na nota anterior. Embora todo o texto traga importantes esclarecimentos, são as seguintes as razões mais imediatas do que já foi apontado como sua "generosidade crítica": "Invejo a liberdade do crítico francês ou norte-americano que diz apenas se o espetáculo lhe agrada ou não, sem qualquer reserva, sem poupar a ninguém, sem indagar se o autor é bom rapaz, tem futuro, ou se a companhia é nova, pobre e precisa de auxílio. Uma obra de arte julga-se pelos resultados, não pelas intenções. No nosso teatro, tal atitude, a única correta artisticamente, quase não é possível. Estamos próximos demais uns dos outros, ligados afetivamente à volta

da crítica). Além das razões apontadas por Décio de Almeida Prado, tal ecletismo tem como pressupostos não apenas o caráter já explicitado do processo de integração do Brasil à produção internacional da cultura, como também a limitação (outra face da mesma moeda) do mercado consumidor. Como essa limitação aparece de forma mais imediata e premente para os envolvidos, é ela o argumento mais utilizado, sobretudo por empresários, para justificar essa política de repertório, também chamada de "realista": uma peça comercial de sucesso garantido permite o retorno econômico necessário à produção de uma peça de ambição artística.[47] A médio prazo, sabe-se perfeitamente dos resultados artísticos do "realismo de repertório": trata-se de questão *demonstrada* por Antoine com a criação do Teatro Livre.

Absorvido o impacto da novidade que foi a importação do teatro moderno, de várias direções e também por conta das rápidas modificações que o país vivia, em meados dos anos 1950, o clamor pela dramaturgia nacional começa a se intensificar. Não apenas dramaturgia nacional, mas também uma dramaturgia, ou um teatro, popular já aparece na pauta de reivindicações apresentada ao teatro.

---

dessa planta frágil, o teatro, que é preciso proteger e cuidar. Cada erro dos outros repercute em nós como se fosse nosso. É essa sensação de solidariedade, parece-me, que induz muitos críticos, depois de certo tempo de exercício da profissão, ao excesso contrário, isto é, a uma benevolência mais ou menos indiscriminada. Como não falar bem de quem está lutando pelo teatro no Brasil?" (Prado, op. cit., p.7). Oito anos depois, na introdução a seu *Teatro em progresso*, já é outra a atitude de crítico: "Se se encontrar [...], nas páginas que seguem, palavras menos amáveis – e há algumas infelizmente –, não se veja nelas senão a obrigação que senti de definir-me sem ambiguidades perante determinadas questões de estética ou de moralidade artística" (Prado, *Teatro em progresso*, p.9).

47 Ver, a respeito, Magaldi, *Panorama do teatro brasileiro*, p.195.

Introdução

Aliás, depois da morte de Getúlio Vargas, reivindicações, manifestos, ameaças de golpe, greves, alertas à nação, movimentos etc. não faltaram no país. Os trabalhadores urbanos, às voltas com organizações de todo tipo, das autoproclamadas como suas representantes – dos sindicatos pelegos ou simples agências policiais, passando pelo CGT, PCB, PTB até o sindicalismo cristão dos "círculos operários" –, tentavam a todo custo avançar na luta por melhores condições de vida. Na mesma luta, os trabalhadores rurais, por sua vez, além da força bruta pura e simples dos latifundiários, defrontavam-se com as várias táticas (a favor ou contra a reforma agrária) apresentadas pelos partidários do sindicalismo rural (aparentemente mais favoráveis ao "façamos a reforma antes que o povo faça a revolução", como parece ter sido o caso do então famoso Padre Melo) ou pelas Ligas Camponesas, cuja atuação chegou a parecer tão ameaçadora ao "futuro da livre empresa" no Brasil que levou o governo federal, em 1959, a criar a Sudene com o objetivo explícito de deter o processo por vias pacíficas.[48]

---

48 A tal ponto a "situação social" no Nordeste se tornou preocupante que, de 1955 em diante, um jornal de posições políticas inequívocas como *O Estado de S. Paulo* passou a dedicar especial atenção ao tema. Sem cair na ingenuidade de supor a inexistência do interesse político em investir numa certa paranoia anticomunista que também já estava no ar (é de 1955 a notícia da existência de uma "Cruzada Brasileira Anticomunista"), é bastante significativa do "crescendo" do processo a seguinte declaração do então presidente Kennedy publicada pelo jornal a 1º ago. 1961: "Nenhuma zona do hemisfério merece hoje em dia maior atenção. Com sua pobreza, o Nordeste brasileiro constitui o ponto principal dos problemas sociais e políticos relacionados com o desenvolvimento futuro do Brasil e a segurança de todo o hemisfério" (essas informações, como todas as retiradas da imprensa no período, e relativas às questões políticas, foram obtidas com o professor Edgard Carone, que generosamente nos facultou o acesso não apenas a seus arquivos, como também a suas pesquisas então em andamento).

As classes dominantes, além dos problemas intrínsecos ao desenvolvimento dependente (os de sempre: limites do mercado interno, dívida externa, "invasão" do capital monopolista etc.), ainda precisavam enfrentar as progressivas reivindicações dos trabalhadores. Como de hábito, dividem-se em torno da melhor estratégia para "dar respostas" adequadas. Suas alternativas, delineadas já por ocasião da posse problemática de Juscelino (cf. providências do general Lott para garantir a legalidade), iam do golpe à "conciliação" de classes proposta por setores tão variados como o PCB (já em 1955 claramente em defesa da "burguesia nacional") e a Igreja (com seus vários setores: PDC, JOC etc.) ou adeptos explícitos do populismo como o PTB e o PSD.

Entre esses dois polos, debatiam-se as classes médias em torno dos problemas mencionados ou, traduzidos em suas roupagens ideológicas, em torno de temas como neocapitalismo, desenvolvimentismo, nacionalismo, comunismo, liberalismo e outros. Mas de todas essas questões agora interessa mais imediatamente aquela descrita por Roberto Schwarz, que culmina com a contribuição do PCB para a generalização do vocabulário e do raciocínio político de esquerda,[49] pois essa é a parte que diz respeito ao impulso e à consolidação da moderna dramaturgia em sua versão local.

Se a Maria Della Costa coube o mérito de revelar o potencial de um dramaturgo como Jorge Andrade, em 1955, José Renato e Augusto Boal, a partir da encenação de *Ratos e homens*, de John Steinbeck, pelo Teatro de Arena de São Paulo, em 1956, inauguraram a temporada de encenação programática de autores

---

49 Cf. Schwarz, Cultura e política, 1964-1969. In: *O pai de família e outros estudos*, particularmente p.63-4, nas quais se encontram questões que vão da estratégia de aliança do PCB com a burguesia nacional e a repercussão da tese relativa à aliança entre imperialismo e reação interna, às opções do país diante da história mundial, diariamente discutidas nos principais jornais.

Introdução

comprometidos com as lutas dos trabalhadores (ou seja: do teatro político) e das discussões em torno da necessidade de se encontrar (à Stanislavski, em versão Actors' Studio) uma maneira brasileira de representar, com sua forçosa consequência: a necessidade de encenar autores brasileiros identificados com essa perspectiva. Desencadeado o processo, que se enriqueceu com a adesão ao grupo do Arena de Vianinha e Guarnieri (provenientes do TPE – organização que já se batia por um teatro politicamente engajado), a mudança do panorama não se fez esperar: em 1958 é encenada por José Renato *Eles não usam black-tie*, de Guarnieri. O enorme sucesso de público e de crítica dessa peça demonstrou que, além de um grupo específico de teatro, uma parte importante do público teatral estava interessada em discutir seus problemas e os dos trabalhadores.[50] Da mesma forma, foi rápida a generalização do processo: todas as companhias existentes foram postas diante da opção – em geral apresentada em tom de cobrança[51]

---

50 Expressão do clima da época e das questões mais profundas da política que estavam no ar é o seguinte comentário feito por Décio de Almeida Prado: "Não é preciso, portanto, ser operário, ter participado da preparação de uma greve para sentir o impacto das questões propostas com tanta emoção pela peça. O segredo de *Eles não usam black-tie* é dizer respeito a todos nós, é ter alguma coisa a segredar à consciência de cada espectador" (Prado, *Eles não usam black-tie* [e *Gimba*]. In: *Teatro em progresso*, p.133).

51 Essa forma de cobrança à classe teatral não é mera consequência do clima conjuntural: explica-se também pelo caráter reduzido da própria classe e por seus limites econômicos (de público), o que dava a todos uma espécie de "ar de família", que não dispensava sequer o "conflito de gerações" descrito por Luiz Carlos Maciel em seu ensaio já citado. Mas não deixa de ser sua graça o tom ligeiramente apologético de Nídia Lícia ao explicar que para o ano de 1960 pretendia "desenvolver uma programação de repertório de sentido mais brasileiro, mais moderno, atual, embora sem engajamento político" (Entrevista à *Folha de S. Paulo*, 24 mar. 1960).

Dias Gomes

— entre o esteticismo eclético e xenófilo do TBC e o engajamento nacionalista (mas não exatamente xenófobo, posto que Brecht, Synge, Clifford Odets, entre outros, eram muito bem-vindos) proposto pelo Arena.

Como já ficou dito, a opção política por uma dramaturgia nacional, nos termos em que se apresentou e nas circunstâncias anteriormente esquematizadas, por razões ao mesmo tempo políticas e econômicas, punha na ordem do dia a discussão do teatro popular. Até 1964, ficou, por assim dizer, "na gaveta" a opção "pessedista".[52] Nesse primeiro momento, as alternativas iam da reivindicação do patrocínio estatal à radicalização propriamente dita nas formas assumidas pelo CPC da UNE e pelo MCP em Pernambuco (aliás: no Recife de Arraes). Dentre os que se batiam pela primeira, Sábato Magaldi na teoria e José Renato na prática (assim como o pessoal que assumiu o TBC "estatizado") contam entre os que defendiam explicitamente o modelo francês (O TNP apropriado pela Frente Popular). Sábato Magaldi, bom conhecedor da história do teatro moderno, em pelo menos dois artigos publicados no "Suplemento Cultural" de *O Estado de S. Paulo*, chega inclusive a fazer clara opção entre as "fórmulas" de Piscator e Jean Vilar: fica com o segundo, ou seja, com a busca do apoio estatal, porque para ele "um teatro vital deve lançar-se à procura de novos públicos, se possível virgens do legado que recebemos. Uma revolução teatral, com os espectadores existentes, na melhor das hipóteses se torna ingênua".[53] José Renato, por sua vez, cumpriu uma trajetória perfeitamente compatível com essa opção: logo depois de *Eles não usam black-tie*, passou um ano estudando, como

---

52 Em capítulo posterior, esse tópico — proposta de Vianinha em texto de 1968 — será discutido em seus devidos termos.

53 Magaldi, Por um teatro popular, *O Estado de S. Paulo*, Suplemento Cultural, 2 maio 1957. Cf. também Id., Noção de teatro popular, *O Estado de S. Paulo*, Suplemento Cultural, 9 fev. 1957.

assistente de Jean Vilar, no Teatro Nacional Popular; quando voltou, após o sucesso de *Revolução na América do Sul* no Rio, foi convidado pelo SNT para dirigir peças no Teatro Nacional de Comédia, espaço transformado em outro importante polo de generalização da experiência do Teatro de Arena, embora nessa alternativa estatizada.[54] A radicalização ficou por conta de Vianinha e outros que deixaram o Teatro de Arena para fazer parte do CPC, seguidos muito de perto pelo próprio Teatro de Arena – agora dirigido por Boal –, que chegou a realizar espetáculos de muito interesse (político e estético) inclusive em associação com o MCP. Nessa altura o debate (sobretudo) alcançava temperaturas altíssimas, havendo dele pelo menos dois documentos de consulta obrigatória: *A questão da cultura popular*, de Carlos Estevam, e *Cultura posta em questão*, de Ferreira Gullar. O primeiro tem sobretudo a intenção de divulgar o programa de atuação do CPC, e o segundo, por ser já uma reflexão sobre essa experiência, chega a formular, embora oblíqua e nebulosamente, como objetivo a ser alcançado, a perspectiva que um dia tinha sido o pressuposto e ponto de partida do teatro político: para Ferreira Gullar, tratava-se de "desenvolver *na e com* a massa os meios de comunicação e produção cultural".[55] Nesse contexto de debate entre as esquerdas, vamos encontrar Dias Gomes com sua peça estreando no TBC. Segundo Sábato Magaldi, até mais ou menos 1962, o TBC era o sismógrafo de nosso teatro e, com a contratação de Flávio Rangel para dirigir a peça *O pagador de promessas*, escolhida por Franco Zampari, "buscando uma visão brasileira para os destinos do TBC",[56] pode-se dizer que a vitória do movimento nacionalista no teatro estava

---

54 Cf. com detalhes sobre repertório, o depoimento de José Renato ao SNT (In: Haddad et al., *Depoimentos VI*, p.98-100, passim.

55 Gullar, *Cultura posta em questão*, p.6.

56 Rangel, Depoimento ao SNT (In: Haddad et al., op. cit., p.51).

consumada. Textualmente: "Quando o TBC mudou sua política, era sinal de que se consumava, no teatro, uma alteração decisiva".[57] Estávamos realmente diante de duas modificações fundamentais: a primeira consistia no fato de um brasileiro assumir o posto até então sagrado dos diretores estrangeiros e, a segunda, na escolha de uma peça que, se falasse ao público burguês do TBC, não seria propriamente por seu conteúdo.[58] E esse público não demorou muito a afastar-se do teatro – dado que também concorre para explicar o outro aspecto da "questão da cultura popular", pois já no início dos anos 1960 é nítida a "crise de público" enfrentada por todas as companhias, sem nenhuma exceção. O lado mais comercial, desfrutável e fértil para o desenvolvimento do paternalismo estatal, sobretudo reivindicado, da "popularização do teatro" chama-se, aqui, mais propriamente, necessidade de expandir o consumo ou, como se dizia, atingir novos públicos. Tal necessidade se traduzia em reivindicação de subsídios ou patrocínio de modo a baratear ingressos porque, à exceção do CPC e do MCP (subsidiados de modo ainda mais direto, como se sabe), nenhuma companhia do período deixou de ser organização de caráter estritamente empresarial e portanto entregue às vicissitudes de um mercado restrito e sujeito a todo tipo de abalos (dentre os quais devem ser também computadas, no plano da concorrência, a invasão dos empresários do *show business*, com espetáculos como *My fair lady* e *Hello Dolly*[59] polarizando as atenções do grande

---

57 Magaldi, *Panorama do teatro brasileiro*, p.200.

58 O tema foi tratado no calor da hora, e com lucidez poucas vezes alcançada pelos protagonistas dessas mudanças, por Salinas – um dos fundadores do Teatro Oficina. Cf. Salinas Fortes, Teatro e privilégio, *Arte em revista*, p.31-2.

59 Grandes sucessos da Broadway, importados em sentido quase literal, esses espetáculos por si mesmos já oferecem matéria para reflexão. *My fair lady*, como todo mundo sabe, é adaptação da conhecida obra

Introdução

público e obrigando o "teatro nacional" a esclarecer melhor as razões de sua "crise".

Num quadro como o esboçado, seria mais ou menos inevitável que a reflexão crítica, companheira de viagem de nossa experiência de modernização teatral, apresentasse graus semelhantes de limitação. Daí, por exemplo, ser compreensível que um crítico do nível de Décio de Almeida Prado, mesmo conhecendo a obra de Brecht a ponto de reagir com severidade à violência de Alfredo Mesquita numa de suas encenações desse dramaturgo, não dispusesse de instrumental teórico mais adequado à crítica da encenação de Claudel por Jean-Louis Barrault. Essa seria a parte mais penosa da descontinuidade e do arbítrio cultural em que sempre vivemos.[60] Quando saímos da dramaturgia importada para a produção local, a dificuldade acaba se intensificando, pois nossa matéria teatral moderna se torna vítima dessa espécie de arbítrio de segundo grau que é a simples dificuldade de dar às coisas seu nome próprio. Dificuldade que se alia a duas outras em graus variados, a saber: duas heranças muito presentes (inevitáveis, aliás), com as quais os envolvidos (dramaturgos, artistas, críticos e público) tinham de lutar (nem todos, nem sempre contra). A primeira é o próprio conceito de drama – sobrevivente degradado do século XIX europeu, graças sobretudo, mas não de modo exclusivo, ao livre trânsito local das teorias do *playwriting* – a operar como uma espécie de critério, nem sempre muito explícito, de julgamento favorável da qualidade de uma

---

de Bernard Shaw, dramaturgo bastante prestigiado nos meios socialistas do início do século; *Hello Dolly*, por sua vez, é a transformação em musical da originalmente vanguardista *The Matchmaker* (*The Merchant of Yonkers* na primeira versão, encenada em 1938 por Max Reinhardt), de Thornton Wilder. Como se vê, qualquer que seja o ângulo pelo qual olhemos o "teatro moderno" no Brasil, sempre acabamos encontrando os mesmos personagens – de preferência transformados em farsescos.

60 Cf. Schwarz, *Ao vencedor as batatas*, p.31.

obra. A segunda, cujo peso real, em vista dos preconceitos criados pela experiência moderna, ainda hoje é difícil de precisar, é a própria tradição (se assim se pode dizer) que sobrevivera através de companhias como a de Jayme Costa e ainda no final de 1950 oferecia a *todos* uma espécie de modelo a ser (teoricamente) rejeitado em bloco, o que nem sempre acontecia – tanto no plano da dramaturgia como no da encenação –, por razões compreensíveis. As próprias companhias continuaram atuando e algumas vezes fazendo tentativas heroicas de atualização, como foi o caso de Jayme Costa ao encenar *A morte do caixeiro viajante*, para citar apenas um caso; bom número de militantes do teatro moderno formou-se no interior dessa tradição (Cacilda Becker, por exemplo); e, mais que qualquer outra passível de ser enumerada, porque passamos a um nível mais profundo, o do *idioma* teatral a partir do qual traduzimos a linguagem moderna (as intermitentes montagens de Martins Pena são uma pista nesse sentido): alguns de seus expedientes e recursos que já tinham vencido a prova da eficácia junto ao público brasileiro (Bibi Ferreira talvez seja a maior proprietária desse repertório) mostraram-se de irresistível apelo como solução para nossos mais variados problemas técnicos – de texto a encenação. Embora ninguém prestasse muita atenção, era para esse lado que apontava Ziembinski (não por acaso, um europeu!) todas as vezes que se referia a uma nunca definida "maneira brasileira" de representar, como na seguinte passagem de seu depoimento ao SNT, referindo-se a *Paiol velho* de Abílio Pereira de Almeida: "Nele havia o que eu reclamo sempre como absolutamente necessário: a expressão das fontes brasileiras do espetáculo. Não adianta berrar, gritar, se não temos a preocupação de extrair de nossa realidade aquilo que é brasileiramente dramático".[61]

---

61 Ziembinski, depoimento ao SNT (In: Haddad et al., op. cit., p.180).

Introdução

A retomada da dramaturgia por Dias Gomes ocorre na confluência desses vários aspectos de nossa produção teatral. Ele mesmo, como dramaturgo, vem de uma experiência com sucessos e fracassos iniciada junto a Procópio Ferreira, participa ativamente da luta política nos anos 1950 – como militante do PCB – e, quando retorna ao teatro com *O pagador de promessas*, está determinado a ser não apenas *mais um* dramaturgo brasileiro, mas principalmente um *dramaturgo nacional-popular*.

I.
Enquanto Seu Lobo não vem

> *A força histórica, a "fúria do eclipse", impede esteticamente o compromisso ou a conciliação, que está aqui tão irremediavelmente condenada quanto no terreno político.*
>
> Theodor Adorno

1. *O pagador de promessas*

Embora desde suas primeiras peças, escritas no início dos anos 1940, Dias Gomes já se mostrasse interessado em temas que só no final dos anos 1950 encontrariam ressonância,[1] é com *O pagador de*

---

1 Em inúmeros depoimentos e entrevistas, Dias Gomes insiste em lembrar que, por sua temática pelo menos, suas primeiras obras esboçavam a tendência que ele só conseguiria desenvolver, já com amadurecimento técnico, a partir dos anos 1960. Isso explicaria, entre outras coisas, as várias formas de censura que sofreu nos anos 1940: *Pé de cabra* (1942), sua peça de estreia, uma sátira a *Deus lhe pague*, proibida pelo DIP sob a alegação de que era marxista, só foi liberada para encenação por Procópio Ferreira após razoável quantidade de cortes (Cf. Dias Gomes respondendo a perguntas de Ferreira Gullar e Moacyr Félix, *Encontros com a Civilização Brasileira*, p.123); *Dr. Ninguém* (1943) discutia o preconceito de cor, mas Procópio Ferreira achou

promessas que o dramaturgo marca o início da segunda fase de sua obra, assim como faz sua recepção crítica. Essa obra, embora podendo ser subdividida, como tentaremos mostrar, apresenta uma notável coerência de propósitos com resultados desiguais. Tal coerência, apontada como "unidade fundamental" por Anatol Rosenfeld ou "coerência ideológica" por Antonio Mercado,[2] pode

---

melhor que o médico fosse branco, alegando que "o público não estava preparado para receber o herói negro" (Id., p.125); *Um pobre gênio* (1943) permaneceu inédita porque apresentava uma greve operária, e assim por diante. Apesar dessa continuidade, o estudo da obra completa de Dias Gomes está descartado deste trabalho por várias razões. A mais importante é que o objeto, aqui, é a trajetória do dramaturgo entendida como expressão particular da tendência que apresentou maior regularidade em nosso teatro a partir de *Eles não usam black-tie*, em 1958, e que já em 1962 era identificada como *nacional-popular* (cf. crítica de Fernando Peixoto à encenação de *O pagador de promessas*: Peixoto, O espetáculo do TNC, *Folha da Tarde*, 20 nov. 1962). E, como se sabe, além de novelista de sucesso na TV, Dias Gomes também é autor de incontáveis textos (originais e adaptações) para o rádio – obra a que ele próprio parece não atribuir muita importância como *resultado* – e de alguns romances e contos (até agora o levantamento mais próximo do completo encontra-se em Campedelli, *Dias Gomes*). Um estudo da totalidade de sua obra não parece sequer viável na perspectiva de uma pesquisa individual em vista de sua variedade, quantidade e abrangência. Finalmente, a primeira fase de seu teatro depende de um estudo prévio mais amplo da dramaturgia no Brasil no período imediatamente anterior à experiência moderna: trata-se de uma fase bem mais complexa e ignorada do que sugerem os preconceitos dos representantes da "geração TBC" e seus descendentes, Dias Gomes incluído (cf. seu próprio depoimento ao SNT, in Almeida, *Depoimentos V*, p.36-7). Por essas razões, este estudo da dramaturgia de Dias Gomes limita-se às doze peças por ele escritas entre os anos de 1959 (*O pagador de promessas*) e 1979 (*Campeões do mundo*).

2 Quando encerramos, em 1983, o levantamento da crítica sobre Dias Gomes, a apresentação por Anatol Rosenfeld das nove peças publicadas em dois volumes, em 1972, pela editora Civilização Brasileira

Enquanto Seu Lobo não vem

ser explicada por sua adesão e fidelidade ao projeto de constituição da já referida dramaturgia nacional-popular. A fórmula, ao identificar o projeto, tem a vantagem de sintetizar pelo menos três de seus traços mais importantes (já sugeridos a seu tempo e separadamente): *nacional* indica antes uma aposta na "vocação anti-imperialista" daqueles setores da burguesia comprometidos com o novo surto de industrialização do país no período "juscelinista";

(*Teatro de Dias Gomes*) continuava sendo o estudo mais abrangente da obra do dramaturgo. Sobre isso que preferimos chamar coerência de propósitos, escreve Anatol Rosenfeld: "Essa unidade reside no empenho consequente e pertinaz por valores político-sociais – por valores humanos, portanto – mercê da visão crítica de um homem que não está satisfeito com a realidade do Brasil e do mundo" (Rosenfeld, A obra de Dias Gomes. In: *Teatro de Dias Gomes*, p.xi). Como, entretanto, esse estudo é fortemente marcado por algumas preocupações que o tempo mostrou serem menos centrais do que pareciam, seus limites precisam ser ultrapassados. Esta parece ser também a opinião do dramaturgo: "Anatol Rosenfeld foi, de fato, o instrumento crítico mais bem aparelhado posto a serviço do nosso teatro [...]. O estudo que Anatol Rosenfeld fez de minha obra me agrada bastante, sem que me satisfaça. É triste ter que dizer isso, mas minha obra tem sido analisada com maior profundidade pelos críticos estrangeiros do que pelos nacionais" (Dias Gomes respondendo a perguntas de Ferreira Gullar e Moacyr Félix, op. cit., p.135 e 129). Antonio Mercado, no prefácio à edição de *Campeões do mundo*, numa característica tentativa de elaborar grandes sínteses, declara logo de saída que "Dias Gomes é indiscutivelmente o *mais representativo* autor do que se convencionou definir como moderno teatro brasileiro" e, mais adiante, que "é importante reconhecer na obra de Dias Gomes a súmula do que constitui o projeto da moderna dramaturgia brasileira". Em outros momentos do texto segue a observação de Anatol Rosenfeld, acrescentando-lhe entretanto uma qualidade mais propriamente partidária – a coerência ideológica, que se expressaria na "tentativa de pôr em cena o personagem autenticamente nacional" e, entre outros procedimentos, na exclusão de "todo hermetismo ou elitismo ao nível da expressão literária" (Mercado, Prefácio a *Campeões do mundo*, p.ix-xi).

popular, a fonte última da "inspiração" e, em termos ideais, o público a que se destinavam seus produtos; por último, a combinação dos termos *nacional* e *popular*, ao mostrar limpidamente a inspiração no modelo francês, aponta para sua vocação estatizante que aflora no início dos anos 1960 e tem carreira longa e acidentada. Mas voltaremos a esse ponto.

Como o objetivo deste trabalho é examinar, no texto teatral, a forma que o conteúdo híbrido do projeto mencionado foi assumindo ao longo da produção de Dias Gomes, à própria exposição das análises caberá o detalhamento não apenas dos desenvolvimentos específicos (conjunturais) do projeto como um todo, como também de sua discussão em termos estéticos e, em consequência, políticos.

O pagador de promessas mostra-nos Zé do Burro, um pequeno proprietário do interior da Bahia que, imbuído da impressão de liberdade dada por sua própria vida, chega a Salvador para pagar uma promessa feita a Santa Bárbara/Iansã: dividir seu sítio com os lavradores pobres e depositar em sua igreja uma cruz se a santa/orixá curasse seu burro do ferimento causado pelo acidente provocado por um raio numa tempestade. Os obstáculos encontrados por esse devoto, entretanto, são de tal ordem que ele acaba morrendo sem cumprir, ao menos pessoalmente, a promessa. Eis um resumo que corre o risco de desfigurar em graus variados o trabalho de Dias Gomes. Outra maneira de se perder de vista o principal de seu conteúdo é começar dizendo que *O pagador de promessas* conta a história de Zé do Burro em forma de tragédia no sentido clássico,[3] pois a escolha do pequeno proprietário por

---

3 Ponto de partida de Anatol Rosenfeld em seu ensaio "A obra de Dias Gomes" (In: Rosenfeld, op. cit.) que, ainda assim, nos oferece pistas importantes para a compreensão da peça. Quanto ao pressuposto de que na cultura capitalista ainda é possível produzir tragédias, basta lembrar a explicação, por Walter Benjamin, do quanto há de equívocos

Enquanto Seu Lobo não vem

Dias Gomes, muito mais que apelo conjuntural,[4] é prova de que o autor falava a sério quando dizia ter pretendido desmascarar o mito da liberdade no capitalismo ao confrontá-lo com os vários tipos de intolerância correntes.[5] Não tanto pela questão da intolerância, mas porque, em Zé do Burro, Dias Gomes encontrou um personagem em que a ideia do indivíduo autônomo (e portanto livre) está fundada nas aparências, podendo ser problematizada: daí que, para desmistificar a ideologia da liberdade, Dias Gomes *não poderia* ter feito um drama ou uma tragédia, na medida em que o *pressuposto* do drama é a ideia de indivíduo autônomo não problematizada, ou tomada como verdade demonstrada. Para desmistificar a ideia de liberdade no capitalismo, Dias Gomes precisaria, então, evitar a todo custo a forma do drama, e isso de fato aconteceu, como aliás já sugeria Décio de Almeida Prado ao recorrer, em sua análise, à linguagem da crítica cinematográfica.[6] O crítico apontava para a natureza da obra, mais próxima do teatro épico (a partir do qual poderia ser adequadamente interpretada) que do drama, apesar das aparências (*parece* haver unidade de ação, tempo e lugar) induzidas pela habilidade com

---

e presunções nas teorias que o encampam. Cf. Benjamin, *Origem do drama barroco alemão*, p.123 ss.

4 No nível mais superficial da observação da conjuntura, é evidente que o autor estava de olho nas questões relativas às Ligas Camponesas e no debate incandescente sobre a reforma agrária – questão que aparecerá, em seus devidos termos, no desenvolvimento da peça, mas não por iniciativa de Zé do Burro, o que muda muito a análise.

5 Cf. Dias Gomes, Nota do autor, *Teatro de Dias Gomes*, p.9.

6 Cf. Prado, O pagador de promessas. In: *Teatro em progresso*, p.177. O crítico abre seu texto citando a recomendação de René Clair, segundo a qual o enredo das *boas fitas* pode ser narrado em cinco linhas. No terceiro parágrafo, acrescenta: "*alarguemos, para começar a perspectiva*". A peça tinha *mesmo* características de cinema, de modo que sua transformação em filme foi intrinsecamente motivada.

que Dias Gomes ao mesmo tempo construiu e destruiu o *diálogo* nessa peça.

Como bom discípulo local de Strindberg e Chekhov (os dois mestres da *impossibilidade* do diálogo no drama em crise, como demonstrou Peter Szondi), nosso dramaturgo, através do enfrentamento entre Zé do Burro e Padre Olavo, configurará o diálogo impossível, e essa impossibilidade tem como pano de fundo a própria luta de classes, que explica as duas intransigências e a incompreensibilidade mútua das razões dos oponentes em confronto, assim como faz explodir o mito do indivíduo autônomo – isso acontecerá a partir do diálogo improdutivo em função dos desdobramentos épicos da peça: não havendo ação entre os personagens do primeiro plano, estes recuam para o fundo, e as demais personagens vão se alternando a ponto de não se poder mais encontrar *um* responsável pelo desfecho (a morte de Zé do Burro).

Detenhamo-nos um pouco sobre a primeira e mais fundamental determinação do diálogo nesta peça – sua impossibilidade de ser veículo da ação; nesse sentido, uma crítica de fato à forma do drama: ela tem início no segundo quadro. Como o padre dispensa apresentações, o primeiro quadro serviu para travarmos conhecimento com Zé do Burro e com personagens que participarão da situação a ser criada (Rosa e Bonitão). Antes mesmo do embate com o padre, já descobrimos que Zé do Burro não é nada ingênuo e tem muito claros os riscos que corre se aceitar desviar-se um milímetro de sua promessa original:

> Nesse negócio de milagres é preciso ser honesto. Se a gente embrulha o santo, perde o crédito. De outra vez o santo olha, consulta lá os seus assentamentos e diz: – Ah, você é o Zé do Burro, aquele que já me passou a perna! E agora vem me fazer nova promessa. Pois vá fazer promessa pro diabo que o carregue, seu caloteiro duma figa! E tem mais: santo é como gringo, passou calote num,

Enquanto Seu Lobo não vem

todos ficam sabendo [...] a gente nunca sabe se vai precisar. Por isso, é bom ter sempre as contas em dia.[7]

Deve-se destacar, dessas considerações de Zé do Burro, sobretudo sua compreensão do terreno em que se situa seu problema: o do mercado de milagres (muito próspero no Brasil, como se sabe), que tem suas exigências como qualquer outro e seus níveis de organização (a espécie de serviço de proteção ao crédito dos santos) e controle. Esse é apenas um dos aspectos – de caráter muito superior à sua capacidade de "negociar" – que determinam sua irredutível honestidade interessada. É a honestidade dos humildes que, conscientes dos controles a que estão sujeitos, são espertos justamente quando não fazem uso da má esperteza (o "jeitinho") porque se reconhecem *dependentes*, se não dos *favores*, com certeza do *crédito* de que só poderão dispor junto aos poderosos se permanecerem honestos. Essa qualidade de Zé do Burro é inclusive reiterada até mesmo na conversa com o padre, avançando sobre a questão da troca: "Promessa é promessa. É como um negócio. Se a gente oferece um preço, recebe a mercadoria, tem que pagar. Eu sei que tem muito caloteiro por aí. Mas comigo não. É toma lá dá cá".[8]

Esse primeiro diálogo com o padre, além da função já apontada, tem também uma função épica, desenvolvida por Dias Gomes em chave predominantemente humorística. Assim nos inteiramos de toda a história da promessa, das tentativas fracassadas de curar o burro da hemorragia (um médico, um curandeiro), da ligação de Zé do Burro com o animal (daí seu apelido), que tinha até nome de gente (Nicolau), e das condições e termos da promessa: num candomblé, Zé do Burro prometeu a Iansã que, se

---

7 Dias Gomes, *O pagador de promessas*. In: *Teatro de Dias Gomes*, p.17.
8 Ibid., p.41. (Esclarecido esse *interesse*, fica difícil falar em ingenuidade, como fez a maior parte da crítica.)

61

o burro se curasse, no dia de sua festa levaria, de sua roça à igreja de Santa Bárbara, uma cruz pesada como a de Cristo e, além disso, dividiria suas terras com os lavradores mais pobres que ele. São essas as razões que levarão o padre a impedir o cumprimento da promessa: sua interpretação é a de que Zé do Burro está em pecado (caiu em tentação várias vezes: entregou-se a prática de feitiçaria ao seguir os conselhos do curandeiro, foi a um terreiro de candomblé e nesse "lugar abominável" fez a promessa de imitar o filho de Deus, repetindo a *via crucis*), de modo que não pode ser conivente com tais práticas heréticas. Decidido a impedir a entrada de Zé do Burro na igreja, o padre dá o caso por encerrado.

Embora a segunda e última tentativa (segundo ato, quarto quadro) de diálogo entre os oponentes tenha como pressuposto os desenvolvimentos que a precedem, convém tratá-la desde já para encerrar este tópico: o padre passou o dia estudando o caso, está plenamente convencido do acerto de sua decisão e expõe seus novos argumentos (em torno do tema "isso é coisa do demo"); um Monsenhor, enviado pelo Arcebispo, que já tomou conhecimento do incidente pelos meios de comunicação, assume o papel do padre e, com a autoridade de que é investido, oferece a Zé do Burro a possibilidade de trocar sua promessa por outra (o caráter didático dessa transferência do papel do antagonista dispensa comentários). Na medida em que Zé do Burro já expusera suficientemente suas razões para a recusa de tal proposta, também essa tentativa estava previamente destinada ao fracasso. À retirada do Monsenhor (e seu séquito de seminaristas) segue-se a radicalização das posições dos antagonistas: o padre intensifica suas acusações a Zé do Burro (falso profeta etc.), expressando o pânico do religioso, e este ameaça entrar na igreja à força. O padre recorre à polícia, Zé atira a cruz contra a igreja e tem uma crise nervosa.

Enquanto Seu Lobo não vem

Assim como a crítica que, de modo geral, endossou um dos argumentos apresentados por Padre Olavo quando o Monsenhor pretendeu "liberar" Zé do Burro de sua promessa,[9] no início dos anos 1960 a Igreja ainda não podia compreender as razões metafísicas de Zé do Burro, afinal do *mesmo* tipo das suas, embora radicalizadas em função da diferença de classe que opunha a ortodoxia ao sincretismo. Por sua milenar experiência política em simbiose com as classes dominantes, a "tolerância" alegada por seus representantes repousa sobre a capacidade melhor desenvolvida de negociar não importa o quê – de indulgências, favores, alianças e princípios até os próprios termos de uma negociação original. Já Zé do Burro e seus amigos do candomblé, pela falta dessa experiência, entregues ao trato direto e pessoal com os orixás – mais complexos que os santos católicos porque praticam o bem e o mal não apenas de acordo com o freguês, mas também segundo seus próprios humores e critérios – e muito mais dependentes que os padres de poderes que ultrapassam sua capacidade de compreensão, simplesmente *não podem* reconsiderar de forma unilateral os termos de uma obrigação. É, como já foi dito, um conflito de classe travestido de divergência religiosa (cuja história, como se sabe, começou com a importação de certa mercadoria proveniente da África), atualmente apenas atenuado – não por acaso, graças à ampliação da capacidade de "tolerância" dos interessados em modernizações negociadas. Uma vez que no início dos anos 1960 a "tolerância" da ortodoxia católica só ia até o ponto de não solicitar a repressão pura e simples aos praticantes do candomblé, Padre Olavo, por sua vez, *não podia* deixar Zé do Burro entrar com a cruz na igreja de Santa Bárbara. Por isso, o conflito entre ambos

---

9 Padre Olavo: "Monsenhor está dando uma prova de tolerância cristã. Resta agora você escolher entre a tolerância da Igreja e a sua própria intransigência" (Ibid., p.86).

definiu-se logo de início e nenhum dos dois modificou sua posição: nessas condições, mais que inútil, o diálogo é impossível, está destruído em sua essência e, com ele, o drama.

Não obstante isso, há na peça também o diálogo produtivo. Este vai ser veículo não da ação, mas da situação que se cria em torno dos dois obstinados. Entra, então, em cena uma situação progressivamente confusa, armada sobretudo por meio de técnicas cinematográficas (*flashes*, recortes, montagem).

O pagador de promessas tem como cenário a praça onde se localiza uma igreja[10] e na qual vai se armar a rede dos acontecimentos que culminarão com um simples *fait divers*: a morte "acidental" de Zé do Burro por um tiro, vindo "não se sabe bem" de onde. De modo geral, os críticos descreveram exaustivamente esta ciranda: Rosa, a mulher que cede facilmente às investidas do primeiro rufião que aparece – Bonitão, o qual, por sua vez, é comprometido com Marli, que, a par do caso de Bonitão com Rosa, se encarrega de comunicá-lo a Zé. Bonitão é também um ex-policial que interpreta como subversão a promessa e chama Secreta para tentar convencê-lo disso e da necessidade de livrar-se do "perigo social" (evidentemente, seu argumento se reforça com o valioso concurso da matéria publicada por um jornal sensacionalista e pela cena de desespero ao final do segundo diálogo entre Zé e o padre). Ainda no campo dessas ocorrências, a intervenção (entrevista) do repórter é exemplar do caráter construtivo, ou produtivo, do diálogo na peça: de olho no faturamento pessoal e político que a matéria, devidamente trabalhada, lhe proporcionaria, o jornalista

---

10 Como se sabe, a retirada da "ação" da sala de visitas do "pai de família" foi uma das grandes proezas do teatro moderno europeu. No Brasil, entretanto, esse detalhe já faz parte de nosso repertório há bastante tempo, ainda que continue contando entre os traços modernos de claro sentido político: na praça ou na rua é muito difícil, senão impossível, defender adequadamente os interesses da vida privada.

Enquanto Seu Lobo não vem

transforma as declarações de Zé numa bandeira que mistura messianismo e reforma agrária – outro exemplo de intolerância, cujos efeitos multiplicadores acabam tendo maior peso no conjunto da peça que a do padre, a ponto de contaminar a própria crítica de um modo geral.[11]

Anatol Rosenfeld, mesmo percebendo no conteúdo da peça a função da imprensa (apropriação da experiência social e sua transformação em artigo de consumo), passou ao largo da função estruturadora do Repórter (não por acaso, *máscara*, e não *personagem*), admiravelmente combinada com a do Secreta, pois a morte de Zé do Burro será um acidente que decorre da interferência destas duas instituições (imprensa e polícia) em seu conflito original com a primeira (Igreja). Como a participação do Secreta é mais discreta (como, aliás, deve ser), linear e já foi esquematizada, acompanhemos o Repórter, pois é obra sua a "transformação" de Zé do Burro em herói, Messias, revolucionário e mito; enfim, no aparente perigo que o lavrador passou a representar. Um "perigo", aliás, despercebido de todos os representantes de camadas populares.[12] O Repórter irrompe na cena, acompanhado do Fotógrafo,

---

11 É notável o processo que resulta na transformação de Zé do Burro em herói de *fait-divers* (aliás, o único tipo de "heroísmo" possível no capitalismo, como insistem alguns alemães desde Hegel). Processo que Dias Gomes denuncia ao dar destaque à intervenção do repórter que muito significativamente não mereceu, por parte da crítica, comentários que ultrapassassem o nível do "é engraçado o sensacionalismo deturpador da imprensa" (Sábato Magaldi); "o vocabulário político do momento e a impressão de inconsequência do jornalista nos fazem sorrir" (Décio de Almeida Prado); ou "o repórter, esperto, transforma o fato em artigo de consumo" (Anatol Rosenfeld, que assim chega bem mais perto do significado de sua intervenção).

12 Minha Tia (filha de santo e vendedora de pratos típicos) *não entende* por que um homem "tão bom" como Padre Olavo não permite a entrada de Zé. Mestre Coca (estivador e líder dos capoeiristas) pergunta se

indicando que a notícia correu – "lá está ele", diz a seu companheiro, e no mesmo instante "promove" Zé a *herói*, o qual obviamente não entende sua excitação. Tem, então, lugar a entrevista na qual Dias Gomes, ao contrário do que fez Nelson Rodrigues em *O beijo no asfalto*, desmonta o mecanismo de funcionamento da imprensa: ela não apenas *induz* e *decodifica* declarações segundo seus próprios interesses de modo a *criar*, de um pequeno incidente, um fato de repercussões nacionais, como também se envolve com o caso com a disposição explícita de "administrá-lo".[13] Assim,

---

lugar de cruz não é dentro da igreja. Dedé Cospe-Rima (poeta popular) explica a Mestre Coca que o incidente se deve à rigidez do padre, cujos deslizes ele conhece muito bem. E assim por diante: o próprio Guarda, que só está comprometido com a manutenção da ordem, vai tentar convencer o padre a permitir que Zé cumpra sua promessa (a cruz imensa pode prejudicar a circulação das pessoas).

13 Ultrapassa um pouco o nível da *graça* a reação do Repórter quando o Guarda, comunicando o fracasso de sua tentativa de mediação, conta que, na opinião do padre, em vez de ajudar, ele deveria prender Zé: "Ótimo! Mas isso é ótimo! Assim temos um pretexto para adiar a entrada da cruz" (p.63). Esclareça-se que é sábado e o jornal não é editado aos domingos. Para o Repórter, seu jornal está prestes a realizar uma grande façanha (de vendas, é claro). Por outro lado, também não se pode apenas considerar "engraçada" sua reação contra Rosa, já no terceiro ato, quando esta dispensa todos os seus planos sensacionalistas: "O que é que a senhora pensa? Que é tão simples assim organizar uma promoção de venda? É muito fácil pegar uma cruz, jogar nas costas e andar sete léguas. Mas um jornal é uma coisa muito complexa. Mobilizar todos os departamentos para dar cobertura..." (p.105). Não deixa de ter graça, entretanto, que *jornalistas* (os críticos) não tenham percebido a dupla determinação do diálogo com o repórter. À primeira vista, ele é simplesmente a *negação* do diálogo (como no caso do padre), na medida em que, ao *não ouvir* o discurso de Zé, o Repórter é tão intolerante quanto o padre. Como, entretanto, ele representa na peça uma das faces do capitalismo, seu diálogo com Zé é produtivo (nesse sentido é afirmado), tanto por participar da estruturação da

explicitando inclusive seus laços com um governo populista, a edição do jornal estampa a seguinte manchete, cuja força induziu a análise de boa parte de nossos críticos teatrais: "Novo Messias prega a revolução. [...] Pela reforma agrária e contra a exploração do homem pelo homem" (p.77). Diga-se de passagem que Dias Gomes não se esqueceu nem mesmo de desvendar outro aspecto do critério de "objetividade" que pauta a *produção* da notícia (e da manchete), *o método*: após entrevistar Zé do Burro e Rosa, o Repórter dirige-se também ao padre ("um repórter deve ouvir as duas partes de um conflito", rezam todos os manuais de jornalismo) do qual obtém a "objetiva" informação de que Zé do Burro é "Satanás disfarçado em Jesus Cristo" (p.69), a partir da qual passa a dispor dos elementos "que faltam" para a construção da manchete citada.

A intervenção da imprensa (e do rádio – por economia, apenas mencionado) é decisiva para a determinação dos rumos da peça – a morte de Zé do Burro será o resultado necessário da confluência de fatores aparentemente desvinculados, cuja "liga" se produziu graças aos efeitos da comunicação, ou da "informação objetiva": os capoeiras que desempenharam o papel de aliados de Zé (tentando impedir sua prisão) chegaram ao local "atraídos" pela notícia que "correu"; o Delegado que, convencido pelo padre, deu a ordem de prisão, também agiu sob a influência do noticiário, assim como o Secreta que, embora atraído para o caso pelos

---

obra como por mostrar, ao participar dessa estruturação, o processo de expropriação de uma matéria-prima (a fala de Zé, cujo conteúdo, do ponto de vista do Repórter, não tem a menor importância) e sua transformação em artigo de consumo, ou seja, em mercadoria (a notícia e o processo a ser desencadeado). É a notícia que, por assim dizer, "autoriza" a explosão do Repórter ao perceber que, por falta de "senso de responsabilidade", a fonte da matéria-prima gratuita pode repentinamente secar antes mesmo de se ter o tempo necessário à contabilização dos lucros...

interesses pessoais de Bonitão, só se convenceu do "perigo social" representado por Zé ao tomar conhecimento da matéria do jornal (o gesto desesperado de Zé do Burro teve o efeito de confirmação da notícia).

É curioso que a crítica tenha passado por alto o contraponto de Zé do Burro a todo o desenvolvimento promovido pelo Repórter: a informação de Rosa que desmente a "multidão" imaginada por ele para ver a passagem do casal ("tinha muito moleque também" – p.62); o reparo de Zé sobre sua "reforma agrária" ("É bem verdade que se o meu burro não tivesse ficado doente, eu não tinha feito isso" – p.61) e sobre a perspectiva de festa em sua volta ("O senhor está maluco? Não vai haver nada disso" – p.62). O que prevaleceu para a caracterização de Zé como herói mítico e personagem de drama ou tragédia clássica foram os planos do Repórter: "Vai (haver comemoração) porque o meu jornal vai promover [...]. Em poucas horas o senhor será um herói nacional" (p.62). O desdobramento dessa predisposição da imprensa resultou na convicção da crítica a respeito de Zé: o revoltado, o irredutível, o justo etc. – o herói, enfim. Mas o que Dias Gomes mostrou foi o modo como são produzidos "heróis nacionais" a partir de quaisquer *fait divers* – nisso também se mostrando um bom descendente do melhor teatro naturalista.

Sem constituir propriamente um paradoxo, este mérito real de *O pagador de promessas*, de formalizar com rara competência um conteúdo da moderna experiência social brasileira, a saber, a expansão do capitalismo tal como aparece na prática real do jornalismo, desmente o que o dramaturgo procurou apontar em sua obra, pois a história de Zé do Burro propriamente dita – um incidente de porta de igreja –, por colocar em confronto duas formas igualmente alienadas de comportamento social (ortodoxia religiosa *vs.* sincretismo), não tem alcance maior. A grande cena final (capoeiristas, seguidos por Rosa, carregam a cruz com o morto para dentro da igreja, ao som da trovoada e de Minha Tia exclamando "Eparrei, Iansã"), com a qual Dias Gomes pretendeu expressar a "conscientização" do "povo", esgota-se em si mesma e indica que o artista cedeu ao político: pela lógica da peça, com a morte inesperada de Zé, Mestre Coca e seus companheiros (que já tinham uma avaliação *prévia* do incidente) têm sobre o padre apenas uma superioridade "moral" e realizam somente seu último desejo de bom cristão (depositar a cruz no altar de Santa Bárbara). Apesar dos brados e temores do padre ("elas [as bruxas] ainda existem [...] o objetivo de todas continua a ser um só: a destruição da Santa Madre Igreja" – p.113), a promessa finalmente cumprida não abalou nenhuma estrutura – apenas o padre perdeu a parada (cujo custo real foi a vida de um devoto).

Tal desfecho, combinando lógica interna e intenção política, revela até pela evidente concessão ao misticismo, mas sobretudo pelo tom solene, o verdadeiro interlocutor do dramaturgo e, eventualmente, da dramaturgia nacional-popular: expressão engenhosa da política adotada, *O pagador de promessas* tem nítida função de advertência, do tipo "façamos reformas antes que o povo faça a revolução", pois, conforme seu teorema, é o conjunto de forças empenhadas em preservar o sistema que transforma reivindicações populares sem maiores consequências em "problemas sociais". Basta, portanto, fazer pequenas concessões (como a de permitir que se cumpra na Igreja uma promessa feita em candomblé) para garantir a ordem. Fica, com isso, explicada a caracterização do padre em rubrica estratégica: "Sua convicção religiosa aproxima-se do fanatismo. Talvez, no fundo, isso seja uma prova de falta de convicção e uma autodefesa. Sua intolerância – que o leva, por vezes, a chocar-se contra princípios de sua própria religião e a confundir com inimigos aqueles que estão do seu lado – não passa talvez de uma couraça com que se mune contra uma fraqueza consciente" (p. 39).

Dias Gomes tem razão: Zé do Burro não é inimigo do padre, nem da Santa Madre Igreja, nem do capitalismo, assim como a peça não é anticlerical. Pelo contrário, assim como Zé do Burro propõe, pelo exemplo, um capitalismo menos selvagem, mais tolerante (para a liberdade de "expressão" religiosa, pelo menos), no qual a honestidade e a fidelidade aos bons princípios do mercado para garantir o crédito prevaleçam, a peça de Dias Gomes, ao reivindicar a simpatia do público a favor de Zé e contra Padre Olavo, assume um caráter de advertência, apontando como solução dos problemas sociais o caminho do clero progressista, o da tolerância que, a começar pela aceitação do sincretismo, pode culminar com as valiosas alianças que podem garantir rendosas transições pacíficas e negociadas.

2. *A revolução dos beatos*[14]

Uma das críticas recebidas por Dias Gomes de seus companheiros de partido, quando da encenação de *O pagador de promessas*, há de ter sido a de que, nesta peça, o dramaturgo não denunciou o problema da alienação religiosa em si mesmo. É o que sugere o comentário de Fernando Peixoto numa das críticas àquele espetáculo: "os críticos marxistas fizeram restrições a Dias Gomes por ter tratado o problema de leve, sem ir ao fundo, sem colocar o que seria essencial, o estudo da própria alienação do homem ao sobrenatural".[15] Essa pode ser uma das razões do dramaturgo para a produção de outra peça objetivando explicitamente explicar o

---

14 Seguindo a sugestão implícita de Anatol Rosenfeld, em "A obra de Dias Gomes" (In: Rosenfeld, op. cit.), *A revolução dos beatos* (1961) será analisada antes de *A invasão* (1960), por seu parentesco temático com *O pagador de promessas*.

15 Peixoto, op. cit.

Enquanto Seu Lobo não vem

misticismo, como nos informa o próprio autor no programa da peça, estreada em 1962, no TBC:

> Entre as maiores causas de nosso atraso estão o misticismo, a crendice e o fanatismo que, ainda hoje, envolvem grande parte da população rural (e até mesmo citadina), constituindo sério entrave à tomada de consciência social e ao progresso. Melhor dizendo, não são causas mas efeitos. Consequências da miséria e da ignorância, de um regime de injustiça e opressão a que estão condenados seres que acabam por perder toda a perspectiva, toda a esperança. É a descrença na sociedade humana que os lança em busca do sobrenatural e do milagre – são caminhos para os sem caminho. São, principalmente, amparo e fuga para os fracos e oprimidos, quando estes são incapazes de assumir a consciência. [...] quando nos conscientizamos do que é a realidade brasileira em seus duros e exatos termos, não conseguimos entender por que esse povo não levanta e não trucida os opressores. Espero que *A revolução dos beatos* ajude a vislumbrar algumas causas dessa passividade. E também a identificar os interessados em mantê-la.[16]

Essa formulação – que faz homenagem explícita ao Marx do texto infelizmente mais famoso pela frase "a religião é o ópio do povo" que por seus reais méritos –, pagando o devido tributo ao conjunto de ideias que preocupavam intelectuais de tendências que iam do catolicismo renovado ao CPC, propõe um tema de difícil, senão impossível, realização no teatro moderno. Não porque se trate de discutir um tema – desde o expressionismo, uma das tendências mais consequentes no teatro moderno é justamente a que se caracteriza pela exposição dramática de temas –, mas porque, em tal formulação (o misticismo/alienação religiosa

---

16 Dias Gomes, Programa *A revolução dos beatos*.

é um entrave para a consciência e por isso é causa da passividade dos oprimidos), esse tema já tinha sido objeto da filosofia e da literatura militantes no século XVIII. A formulação moderna do tema "alienação", cujo referencial imediato é a luta de classes em seus aspectos econômicos e políticos, descarta a questão religiosa, como se vê, por exemplo, no teatro de Brecht; de modo que o fato de a encontrarmos como preocupação relevante de um dramaturgo brasileiro indica, entre outras coisas, a ampla variedade de critérios de interpretação aos quais o ascenso da luta de classes no Brasil ia sendo submetido.[17]

Uma vez que o tema de Dias Gomes tem essa espécie de inclinação setecentista, para não dizer revisionista, talvez não seja de admirar que, embora *A revolução dos beatos* apresente traços epicizantes (incluindo achados genuínos do ponto de vista da teatralidade), no essencial a peça retorne à forma do drama: com efeito, trata-se de uma comédia, às vezes chegando à farsa, cujo desfecho é um final feliz em todos os sentidos. Para isso, o dramaturgo precisou retroceder em relação às conquistas formais de *O pagador de promessas* (sem falar em *A invasão*), porque retomou, juntamente com os pressupostos do drama, as concepções mecanicistas da forma dramática que os acompanham.

---

17 A ressurreição do tema em chave mecanicista (apoiada no materialismo agnóstico do século XVIII, como veremos adiante), não é, em todo caso, privilégio (ou excentricidade) do dramaturgo. É mais do que um simples anacronismo pois, por mais anacrônica que teoricamente possa ser, essa herança iluminista, naqueles anos de *Aufklärung* popular (cf. Schwarz, *Cultura e política, 1964-1969*), era assunto sério entre os stalinistas. Faz parte de nossa salada ideológica essa modesta contribuição de nossos comunistas: a recuperação do revisionismo empiriocriticista, travestido de marxismo, que Lenin já criticara a seu tempo (cf. Lenin, *Materialismo e empiriocriticismo*: "só os discípulos russos de Mach foram até o ponto de afirmar a 'compatibilidade' do agnosticismo de Hume e do materialismo de Marx e Engels").

Se fosse outra a formulação do tema, Dias Gomes teria podido permanecer nos limites do teatro moderno com o próprio tema constituindo a espinha dorsal de sua obra, como ocorre, por exemplo, na peça de Wedekind, *O despertar da primavera*, na qual o tema, que pode ser sumariamente apresentado como o despertar da sexualidade, é o eixo sobre o qual as cenas que o comentam vão sendo construídas. Como o tema de Dias Gomes é um processo de transformação da consciência, entendido como algo que se passa em termos individuais (embora em meio a um processo social mais amplo e de difícil compreensão), o eixo de sua peça não é o próprio tema, mas a trajetória de um *indivíduo* que, defrontado com as consequências (místicas, no caso) de uma sua *ação* impensada, atinge a *consciência* de que a crença em Deus é resultado de ações humanas indevidamente explicadas; mais exatamente, nos termos da peça, manipuladas segundo os interesses da dominação política.

Seguindo esse eixo da peça, é perfeitamente possível reconstituir, sem nenhuma violência, sua *curva dramática* que está de acordo com qualquer manual de *playwriting*: na Juazeiro do Padre Cícero (velho, doente e sem condições de continuar fazendo seus milagres), Bastião, um de seus devotos, apaixonado por Zabelinha (mulher casada e honrada que recusa sua corte), após desistir de recorrer ao padre para obter a graça de ser correspondido, faz uma promessa ao boi – presente que o padre recebera por uma cura milagrosa.[18] Feita a promessa, acontece o milagre: Zabelinha

---

18 A suposição do jovem apaixonado é que o boi também deve ser milagreiro, pois o Padrim, sendo um santo, "santifica tudo que anda em volta dele". Os termos de sua promessa são os seguintes: "Mateus acha que o Padrim ia se escandalizar com o meu pedido. Garanto que você ia achar muito natural. Boi não tem dessas coisas. Qual é o boi que acredita na honra da vaca? Então?… Você ia ter acanhamento de pregar um chifre na testa do Capitão Boca-Mole, você que já nasceu

literalmente cai nos braços de Bastião (ela torceu o pé ao pular a cerca da casa do padre) e conta-lhe que foi abandonada pelo marido. Segue-se a imediata promoção do boi a santo e, obviamente, o processo habitual: já que o Padre Cícero não pode mais atender como antes aos seus devotos, estes se dirigem em massa ao boi, transformando-o em concorrente do padre. Desencadeia-se a reação: o padre, orientado por seu afilhado político – dr. Floro Bartolomeu –, decide que é preciso acabar com aquela festa de fanatismo. Fracassada a primeira tática – tentativa de cooptar Bastião para desmoralizar o boi –, partem para o enfrentamento com a finalidade de matá-lo. Na luta pela preservação do boi milagreiro, desencadeia-se em Bastião o processo (crise do herói) que começa com a desconfiança em relação à suposta santidade do animal e culmina com o próprio Bastião matando-o, quando este se transforma em obstáculo à salvação da honra ameaçada de Zabelinha. No final feliz, Bastião tem um acesso de riso ao ser informado de que Deus matou o boi, o que o leva a concluir: "Eu sou Deus!".

À curva dramática acima descrita corresponde a tese do autor, endossável por qualquer materialista agnóstico: Dias Gomes

---

com dois? Pois olhe, Boi do meu Padrim, eu lhe prometo um feixe de capim da melhor qualidade, fresquinho, macio… como só mesmo um boi que vai pro céu merece comer! Prometo, juro pelo meu Padrim Cirso, vou buscar esse capim até no inferno, se você fizer a Zabelinha cair pro meu lado e me tirar desse desespero!". Dias Gomes, *A revolução dos beatos*. In: _____, op. cit., p.263. Cabe fazer desde já algumas referências às circunstâncias em que se deu a promessa: há uma seca na região, de modo que, para obter o capim fresquinho, Bastião terá de fazer um esforço *heroico*, à altura, portanto, do valor do milagre. A solicitação do milagre ao boi e não ao padre, pelas razões apresentadas pelo próprio Bastião, acaba inscrevendo-o no mesmo tipo de religiosidade de Zé do Burro: um animal, como qualquer orixá, "atende" aos pedidos dos devotos sem levar em consideração critérios morais que, por vezes, como no caso de Bastião, atrapalham a realização das paixões dos interessados.

Enquanto Seu Lobo não vem

descreve com bastante cuidado o processo que resulta na atribuição de poderes sobrenaturais a qualquer coisa ou pessoa e, em seguida, o caminho contrário, o da desmistificação do santo. A mudança súbita do comportamento de Zabelinha é interpretada como milagre, e a recusa do capim roubado pelo boi (cumprimento da promessa) confirma a santidade do animal; mais tarde, Bastião começa a desconfiar de tudo quando o boi come o capim (que fora sacralizado) e, preso, tem tempo para examinar melhor os acontecimentos, dando-se conta de que o boi podia muito bem não estar com fome da primeira vez, de que Zabelinha tinha sido abandonada pelo marido antes da promessa e, como ela mesmo confirmara, apesar de não corresponder às suas primeiras investidas, já tinha algum interesse por ele. A essas considerações acrescenta-se ainda o choque de verificar a perda de tantas vidas numa luta desigual e movida a puro fanatismo. O passo final ao conhecimento é dado quando Bastião mata o boi e depois fica sabendo da versão oficial dada à morte. Houve, assim, conciliação e apaziguamento, pois tudo voltou ao normal, mas Bastião, por assim dizer, está "salvo". A tese, aqui, consiste no seguinte: a ignorância, caracterizada pela apreensão parcial dos fatos, descrição inadequada até mesmo de sua simples sequência e postulação arbitrária de nexos causais entre eles, é a base do misticismo, da crença em milagres, da religião, em suma. A prisão do herói desempenha a função concreta de dar-lhe a necessária oportunidade de "parar para pensar" que tem como consequência o exame "correto" dos fatos, o passo decisivo para a "conscientização" (para usar uma das moedas correntes no período em que foi produzida a peça).

Se *A revolução dos beatos* se limitasse ao exposto, seu interesse se esgotaria em seu caráter de ilustração de uma das vertentes ideológicas de maior difusão na época (à qual aderiram gregos e troianos, como se sabe). Mas não é assim. Apesar da necessidade de recorrer ao anacronismo da forma do drama para demonstrar uma parte de sua tese, Dias Gomes tinha ainda outro alvo: ajudar a identificar os interessados no misticismo, responsáveis pela preservação do contexto em que ele prolifera. Essa segunda preocupação é por si mesma o motivo do uso de diversas técnicas próprias do teatro épico, como um telão com um mapa e dados estatísticos para situar a história, o teatralismo (apropriação dos personagens do Bumba-meu-boi como Zabelinha e o próprio boi), cenas inteiras de *flashback* (para estabelecer nítido e didático paralelo entre a trajetória do boi e a do Padre Cícero) e assim por diante. Graças a esses recursos, travamos contato com o comportamento dos romeiros, Padre Cícero e Floro Bartolomeu, o político inescrupuloso que, por ter ascendência sobre o padre (é seu médico), acaba sendo o administrador do misticismo; Mocinha e Mateus, os beatíssimos servidores do padre; Beato da Cruz, o indefectível profeta do fim do mundo, assim como acompanhamos a evolução do novo comércio, desenvolvendo-se em torno do boi (Mateus encarrega-se da venda de seus excrementos milagrosos, por exemplo). Além disso, acompanhamos ainda as preocupações políticas de Floro, temeroso de acabar perdendo as eleições caso o "boi" apoie o candidato dos coronéis da oposição a ele e ao Padre Cícero. Enfim, para usar as palavras de Anatol Rosenfeld, temos por este lado um "amplo e colorido quadro do misticismo popular, nos seus aspectos dúbios e no seu primitivismo manipulado" (p.xix).

Uma coisa, entretanto, ocorre com a combinação da forma do drama aos traços epicizantes do texto: estes são completamente neutralizados pela forma que os determina. O resultado é um despropósito cuja gravidade fica ainda mais destacada se nos lembrarmos de que, exceto pelas referências explícitas às práticas mais ostensivas do coronelismo ou ao comércio desenvolvido em torno do milagreiro de plantão, o autor, nisso se mostrando também adepto das teorias dualistas de explicação do Brasil em voga na época, acabou desmentindo sua principal e mais importante intenção – mostrar os efeitos do atraso. Ao invés de tentar configurar esse "atraso" na única relação que lhe dá sentido, o "avanço", Dias Gomes tomou-o como um *dado* e dele fez o pano de fundo sobre o qual se confrontam suas vítimas e beneficiários (por isso a neutralização dos recursos épicos). Assim, as tensões desta peça são apenas nós dramáticos decorrentes de conflitos que em absoluto correspondem às reais tensões sociais que estão na origem tanto do misticismo quanto da necessidade de discuti-lo nos anos 1960. Justamente porque não correspondem a tensões objetivas, os conflitos da peça se resolveram todos com a eliminação do boi: o padre recuperou seu prestígio de santo; Floro, seu "capital" político; e Bastião, sua mulher.

3. *A invasão*

Com esta peça, de 1960, Dias Gomes parece ter pretendido afinar seus instrumentos com o teatro moderno. Conforme demonstra Anatol Rosenfeld, *A invasão*, na qualidade de legítima herdeira da *Ralé* de Górki, apresenta com muita competência todos os traços do drama naturalista, inclusive e sobretudo as que apontam em direção ao teatro épico.[19] Como herdeira da *Ralé*, essa peça aprofunda, em função da experiência brasileira, o tema original – a situação dos excluídos do direito à moradia.[20] Em poucas palavras, acompanhamos aqui a trajetória de alguns favelados que invadiram um prédio inconcluso e abandonado (propriedade "do governo") porque perderam, num temporal, seus barracos na favela em que

---

19 Cf. Rosenfeld, op. cit., p.xxii-xxvi.
20 Para não se falar da permanência, ou simplesmente atualidade revigorada, do tema, sua relevância nos tempos em que a peça foi escrita se mostra até pelo interesse de arquitetos em discuti-lo publicamente. Cf. Ferreira Gular; Brito (Orgs.), Inquérito Nacional de Arquitetura (1961), excertos republicados em *Arte em revista*, n.4, p.73-8.

"moravam". Desde o início, tanto pelos recursos técnicos solicitados (iluminação e cenografia) quanto pelas referências explícitas de que estaremos acompanhando um *recorte* na situação, o autor assume o princípio épico: ele é o narrador que selecionará os episódios relevantes de todas as histórias; travaremos contato, então, com os problemas dos ocupantes de apenas quatro "apartamentos" invadidos. O recorte também será feito em relação ao tempo: acompanharemos acontecimentos relativos a um período de oito meses, iniciando na etapa final da própria invasão e encerrando com uma festa, de modo a indicar que a situação examinada não começou com a invasão a que assistimos nem acabou no dia da festa. Ou seja: em sua característica de recorte, a peça não tem propriamente começo nem fim, pois ela é ultrapassada nos dois sentidos pela situação geral da qual foi destacada.

Conforme vamos travando conhecimento com os invasores, ficamos sabendo de seu passado, seus problemas, sonhos, esperanças e desilusões. Lindalva e Bola Sete serão representativos da vida do morro mais ou menos idealizada e corrente na música popular. Ela é a mulher amorosa e sensual do pedreiro e compositor popular que conhece bem a situação da indústria musical na qual sonha ser reconhecido, sem abrir mão dos "autênticos valores da cultura brasileira". Justino, Santa e os filhos mostram a trajetória completa do retirante nordestino: logo ao chegar na cidade grande, são "ajudados" por uma verdadeira indústria de serviços que os encaminha para a favela e os mantém prisioneiros de um poderoso esquema de exploração, do qual participam intensamente políticos, marginais e a própria polícia. O resultado não se faz esperar: os velhos, a duras penas e com a solidariedade dos amigos, só escapam dessa máquina infernal quando conseguem fugir de volta para o Norte, as filhas se prostituem, e o filho, que tentara se tornar trabalhador, acaba foragido e portanto candidato a marginal. Isabel e Bené, o casal que se mantém pelo trabalho

Enquanto Seu Lobo não vem

da mulher (lavadeira) e do filho (operário), mostra a trajetória inversa à de Lindalva e Bola Sete: Bené foi um grande jogador de futebol que "não soube" aproveitar os anos de glória e hoje é um bêbado, desempregado, cujo único sonho é ver o filho (Lula) repetir sua carreira de ídolo. Este não apenas não se ilude com as próprias qualidades de futebolista (há muitos melhores que ele), como também prefere continuar operário, pois vive um processo explícito de cooptação pelo Partido Comunista (suas ideias bastante confusas indicam bem seu estágio de neófito que mistura fé, entusiasmo pela causa e conceitos abstratos). Nessa perspectiva, Rafael, o militante que o tem como contato, é a grande presença-ausente da peça. Fechando o quadro, temos ainda Profeta, misto de louco e beato urbano, cujo discurso é mais abrangente que o dos beatos de província: a ponto de ser preso após uma inflamada pregação confundida pela polícia com agitação de comunistas. No campo dos exploradores e adversários do grupo, o autor dá destaque à polícia rondando permanentemente o prédio invadido, prestando-se a encenações de poder do deputado populista e "executando" a ordem de despejo da Justiça – a questão que une os invasores. Polícia e Justiça são, pois, "o inimigo". Seus exploradores são Deodato, o político, e Mané Gorila, uma espécie de seu secretário para assuntos menos nobres, tais como alugar barracos em terrenos alheios ou públicos (favelas), "vender" segurança aos moradores, promover atos de terrorismo (como mortes e incêndios) contra os recalcitrantes e "manter" a polícia afastada de seus "clientes" – serviços que naturalmente exigem retribuição (em dinheiro) compatível com seu valor.

O resumo anterior seguiu em parte a análise de Anatol Rosenfeld, de cuja conclusão entretanto discordamos porque o crítico parece não ter levado em conta um outro lado de seu conteúdo. Vale a pena reproduzir todo o parágrafo, cujas limitações tentaremos apontar:

A peça, destituída de dimensão histórica, se satisfaz em ser apenas um flagrante da realidade, em boa parte por causa do estilo naturalista. Abordando os problemas, necessariamente, a partir do horizonte limitado de personagens pouco esclarecidas (embora ricas de experiências vividas), sem aproveitar o esboço da estrutura narrativa para acrescentar o horizonte mais amplo de um narrador, a obra, por força do próprio estilo, mas dentro dele obtendo resultados notáveis, se limita a ser o retrato, não raro agudo, de uma situação, sem poder penetrar em planos mais profundos.[21]

Uma leitura do terceiro ato da peça mostra não apenas sua dimensão histórica, como também que o horizonte mais amplo do narrador, assumido de maneira explícita pela própria adoção das técnicas épicas (a iluminação é o próprio eu narrativo), busca justamente penetrar em planos mais profundos. O autor, sem rodeios, faz o julgamento da situação que expôs e, mais que isso, mostra um caminho para sua solução, tendo até mesmo o cuidado de mostrar todos os obstáculos que a própria situação opõe a esse caminho: da adesão necessária à ideologia da classe dominante – na trajetória de Marli, que se prostitui para ter acesso a "uma cama limpa e macia" –, passando pela descrença na "coragem" que "os homens" possam ter para enfrentá-la – representada por Isabel, em muitos sentidos descendente da *Mãe* de Gorki, e culminando com a repressão policial aos proponentes desse caminho – o Profeta é preso por ser tomado por um comunista e a polícia está atrás de Rafael. Está naturalmente fora de questão o acordo ou desacordo da crítica com essa proposta. O que conta é o fato de ela representar, com grande senso da correlação de forças (pelo simples fato de Rafael não aparecer em cena, ter somente Lula como adepto e ter feito a proposta de luta que garantiu a permanência

---

21 Rosenfeld, op. cit., p.xxvi.

Enquanto Seu Lobo não vem

dos invasores no local por mais algum tempo), o estágio em que se encontrava então a luta de classes. Ou, em outra formulação: assim como *Eles não usam black-tie* e *A semente*, ambas de Guarnieri, ou como *Revolução na América do Sul*, de Augusto Boal, *A invasão* de Dias Gomes é uma das expressões do ascenso da luta das classes trabalhadoras no Brasil do período pré-64.[22]

Dois problemas confluem para determinar a festa com a qual se encerra a peça: primeiro, a decisão, tomada por Justino, de voltar para o Norte é ameaçada por Mané Gorila, mas garantida pelos companheiros, que se solidarizaram, e por Tonho, filho de Justino, que mata Mané Gorila; depois, a assinatura da ordem de despejo pelo Juiz é adiada como resultado do abaixo-assinado proposto por Rafael e encaminhado por Lula. Para completar a

---

22 Para quem leva a sério o papel da censura no Brasil (e em todos os países "livres" do Ocidente, como a Inglaterra que só revogou sua própria de lei de censura em 1968), há de ser significativa a informação de que *A invasão* foi uma das primeiras peças a estrear os critérios e métodos da censura já em 1964: sem constituir coincidência, sua apresentação foi proibida em outubro de 1964 na cidade de Leopoldina, em Minas Gerais (o berço da "redentora"!), segundo notícia publicada no *Jornal do Brasil* a 27 out. 1964. Por outro lado, para se pensar um outro aspecto do transtorno de 1964, é interessante lembrar a experiência de José Renato, então um dos diretores do TNC, como já foi referido, quando foi convidado para ir a Montevidéu em fevereiro de 1964 dirigir a montagem desta peça em produção do grupo El Galpón (uma das bem-sucedidas tentativas de organização teatral, nos moldes do *Teatro Livre* europeu, na América Latina): "No Uruguai, eu dirigi *A invasão*. Parti para lá apoiado pelo Ministério das Relações Exteriores, em março de 64. É fácil constatar o que aconteceu. Em véspera de estreia, o Ministério retirou o apoio e a coisa ficou meio problematizada, mas o pessoal lá em Montevidéu assumiu toda a responsabilidade pela parte administrativa, e o espetáculo foi levado com grande sucesso, e foi uma temporada muito feliz. Inclusive, foi assistido por muita gente saída do Brasil" (Depoimento de José Renato ao SNT. In: Haddad et al., op. cit., p.104).

festa, Bola Sete vem com a notícia de que conseguiu gravar um disco. Quando chega a polícia e descobre o cadáver, Tonho já fugiu e todos cantam o samba de Bola Sete e dançam à espera de Rafael, que vem comemorar com eles.[23]

A presença do Partido Comunista através de Rafael é formalmente motivada: respeitando o conteúdo da peça (não se trata apenas de *retratar* uma situação, mas de retratá-la em seu processo de lenta transformação), Rafael é uma presença porque – assim como a Justiça, a Igreja, a fábrica onde Lula trabalha, o Flamengo, a gravadora multinacional, a obra em que Tonho conseguiu emprego, a favela de onde alguns vieram, o partido de Deodato, as ruas onde Marli e sua irmã se prostituem etc. – faz parte da situação, do horizonte histórico do qual a peça é um recorte (a ser indicado também pelo cenário, como pede o autor). Embora não apareça em pessoa, Rafael também tem um papel na determinação dos destinos daquele grupo, ainda que mínimo, quase apagado e dirigindo à distância sua pequena, precária e passageira vitória. De certo modo, Dias Gomes faz uma avaliação (crítica?) do peso que o partido tem na época em que escreveu a peça: clandestino, perseguido, em busca de seu espaço político (que disputa com a Igreja e os partidos populistas). E, pelos limites que impôs ao seu conteúdo, o dramaturgo pôde mostrar sem maiores esforços os limites da política essencialmente legalista que o partido desenvolvia: se, por seu tamanho reduzido, Rafael só podia propor (com grande dificuldade) um bem-sucedido abaixo-assinado contra a ordem de despejo, tanto ele quanto os invasores sabiam que seu problema do direito à moradia estava longe de ter sido resolvido

---

23 Como se vê, já está delineado o conteúdo da depois um pouco mais vaga expressão "amanhã vai ser outro dia" que circulou por todas as áreas da produção cultural, mas sobretudo na música e no teatro, no período 1964-1968.

Enquanto Seu Lobo não vem

(o que dá força à incompletude da peça). Assim como Dias Gomes, na qualidade de militante, devia ter consciência da precariedade das vitórias legalistas constantemente apregoadas por seus camaradas (que, não obstante, mereciam ser comemoradas).

Os limites do conteúdo de *A invasão* têm implicitamente como pressuposto os limites do teatro político no Brasil. Tanto quanto a dos invasores, sua existência é provisoriamente tolerada por uma classe dominante que, por enquanto, não se vê de fato ameaçada nem está interessada em ocupar seu espaço para outros fins. Isso porque o estágio em que se encontra o ascenso político da classe operária ainda não lhe garante sequer o direito de ter um partido legalmente constituído. Na semiclandestinidade em que se encontrava, mesmo que estivesse em seus planos (e não estava), o PCB – o maior partido que a classe operária teve no Brasil até então – não poderia ter em suas mãos esse importante meio de luta no plano cultural que é o teatro. Até aquele momento, Dias Gomes e os demais dramaturgos que se envolveram com o projeto de constituição de uma dramaturgia nacional-popular só conseguiram fazer o mesmo que os personagens desta peça: invadir um espaço que é propriedade da burguesia ou do Estado e, por enquanto, são provisória e precariamente tolerados. Como sugere a peça, não havendo uma mudança mais profunda, eles poderão ser expulsos a qualquer momento, pois mecanismos legais para isso não faltam. Por certo, com *A invasão*, Dias Gomes não estava propondo de modo consciente uma metáfora do teatro político de então, mas, na medida em que sua peça é política e discute os limites de uma política que conhece bem (não importa se em termos roseamente otimistas), e como qualquer artista deve estar sempre pondo em questão os limites objetivos impostos à sua arte, essa peça desempenha com muita clareza exatamente esse papel.

Dias Gomes

4. *Odorico, o bem-amado*

Quando *Odorico* estreou no Rio de Janeiro,[24] em março de 1970, a quase unanimidade da crítica, em torno de seu caráter equivocado, sugeria que alguma coisa de muito errado estivesse acontecendo com a peça. Uma hipótese logo descartada foi a de que o problema residia no elenco (Procópio Ferreira à frente) ou na encenação (Gianni Ratto). Para a maioria dos críticos o problema estava no texto mesmo, embora, evidentemente, nenhum deles avançasse qualquer argumento além de "texto ultrapassado", "peça menor" e variantes. Outros, mais exagerados, que entretanto pelo visto não chegaram a declarar em público essa opinião, andaram dizendo que o próprio Dias Gomes era "um grande equívoco".[25]

---

24 A estreia nacional ocorreu em maio de 1969, em Recife, pelo Teatro de Amadores de Pernambuco.

25 Opinião de Aguinaldo Silva citada por José Arrabal, que aproveitou o ensejo para desqualificar o pretexto da peça (a inauguração do cemitério), lembrando-se de que se trata de um história batidíssima, que circulou no *Almanaque Capivarol*, como se isso fosse razão suficiente para desqualificar a própria peça. Cf. Arrabal, O equívoco de Odorico, *O Jornal*. O pressuposto de um argumento como este é o de que uma obra de arte deve sempre partir de uma ideia (pretexto) completamente original. Não é preciso recapitular toda a experiência moderna nem a teoria e a prática brechtianas (para dar um exemplo no âmbito do teatro) que apontam em direção contrária: basta pensarmos nos debates mais consequentes sobre a ideia de plágio e os pressupostos que a sustentam. De qualquer maneira, não seria esse um argumento que abalaria Dias Gomes, dramaturgo que nunca fez questão de esconder as fontes de inspiração de seu trabalho e que, especificamente com relação a essa peça, conta a seguinte história: "O *Odorico* surgiu de um fato que me foi contado pelo Nestor de Holanda que, por sua vez, soube da história através do Jorge Goulart. O Jorge Goulart estava fazendo um show numa cidadezinha do interior do Espírito Santo e contaram para

Enquanto Seu Lobo não vem

Outra hipótese, defendida pelo próprio autor,[26] em termos tendentes ao apologético, era a de que no ano de 1970 o "clima" talvez não estivesse muito propício para uma boa recepção pela

ele que, naquela cidade, não existia cemitério e um caso muito interessante tinha acontecido lá. O prefeito foi eleito tendo como plataforma a construção do cemitério e, depois que ele foi eleito, ele construiu o cemitério e anunciou que a inauguração seria com o primeiro defunto. Durante um ano não morreu ninguém e foi o maior desespero... O Nestor até escreveu uma crônica e eu decidi escrever uma peça" (Dias Gomes, Depoimento ao SNT. In: Almeida et al., op. cit., p.42).

26 Em entrevista ao *Correio do Povo*, de Porto Alegre, Dias Gomes declarou: "Como *Odorico* não foi encenada imediatamente – vendi seu argumento para um filme que nunca foi feito –, passados oito anos, parecia antediluviano sobrevivente de uma idade perdida, quando surgiu um jovem e audaz produtor querendo levá-la à cena. Confesso que, a princípio, não acreditei" (Apud Hohfeldt, O bem-amado Odorico chegou, *Correio do Povo*). Apenas porque ilustra um dos aspectos já mencionados de nossa dramaturgia nacional-popular, vale a pena acrescentar a informação de que o jovem e audaz produtor, no caso, chama-se Orlando Miranda, que contava com o respaldo da Divisão de Teatro do Departamento de Cultura da Secretaria de Educação e Cultura do Governo do Estado da Guanabara. E já que esbarramos no pantanoso terreno do patrocínio, não custa mencionar que, de acordo com informações constantes no programa da peça, a produção contou ainda com o apoio do MEC e do SNT, tendo estreado em Brasília a 11 mar. 1970 sob os auspícios da Fundação Cultural do Distrito Federal. Como ainda é da lembrança de todos o nome do general de plantão, dispensamo-nos de escrevê-lo. E se não está em nossas intenções insinuar a mais remota semelhança entre o dramaturgo e um Fausto, cabe procurar na própria peça os elementos que lhe angariaram tão heterodoxas simpatias. Ainda mais quando no mesmo programa figura o seguinte "aviso à praça": "O governo mostra-se disposto a colaborar com o teatro. Temos a declarar que não faltou apoio oficial, seja através do MEC, seja através dos órgãos estaduais de cultura. E o resultado foi imediato e positivo: ganhou o Teatro e ganhou o governo, porque ganhou o público" (*Programa* Odorico, o bem-amado. Cia. Teatro Princesa Isabel – Governo do Estado da Guanabara, mar. 1970).

85

crítica de uma peça escrita oito anos antes, embora o público a prestigiasse, não se sabe se pelo texto ou por Procópio Ferreira. Mas, consciente de suas limitações, Dias Gomes não deixa de lançar uma espécie de desafio aos críticos, como se estivesse prevendo a verdadeira onda de repúdio que se abateria sobre a peça ou sobre ele mesmo: "*Odorico* é apenas uma comédia que pretende ser divertida. Não revoluciona o teatro nem coisa alguma. As pessoas muito inteligentes talvez consigam descobrir nela alguma coisa que deveria ter sido escrita e não foi".[27]

Descartemos esse desafio, pretensão vedada a qualquer crítico, a não ser que suas relações pessoais com o artista facultem-lhe a participação no processo de elaboração de uma obra (mesmo que tais colaborações não impliquem coautoria), pois uma vez pronto o trabalho (e já encenado), o máximo que o crítico pode fazer é trazer à luz o conteúdo formado pelo artista e, assim fazendo, explicitar as opções formais que, uma vez feitas, têm como resultado uma obra bem ou malsucedida.

A primeira coisa a ser dita de *Odorico, o bem-amado* é que se trata de uma comédia híbrida que não cumpre suas promessas iniciais. É uma espécie de engodo que se manifesta até pela combinação desastrada de comédia de costumes com comédia de intriga. Não que se trate de formas incompatíveis de comédia, mesmo para o teatro moderno, embora a comédia de costumes esteja mais próxima do teatro épico e de seus pressupostos, na medida em que configura *situações*, e a comédia de intriga mantém inalterados os pressupostos do drama burguês. O que o teatro moderno realizou foi a transformação da comédia de intriga num dos materiais (entre outros) da comédia de costumes. Já em *Odorico*, Dias Gomes começou com uma comédia de costumes que abandonou

---

27 Apud Henrique Oscar, *Odorico, o bem-amado* estreou no Teatro Gláucio Gill, *Diário de Notícias*.

Enquanto Seu Lobo não vem

em favor de uma comédia de intriga. Ou seja: começou bem e acabou mal. Acompanhemos o processo em detalhes.

A peça tem início numa praça. Todo o primeiro quadro se desenvolve aí. Do segundo ao último quadro, a peça "entra" na Prefeitura, de onde só sai, no oitavo e último quadro, para a porta do cemitério, onde o prefeito será enterrado. Coerentemente, temos comédia de costumes nos dois primeiros quadros e em parte do terceiro. Nos restantes temos comédia de intriga, da qual não saímos nem no final.

Na praça, assistimos à passagem de um cortejo fúnebre constituído apenas por uma beata, um cachorro e os dois carregadores, que se detêm para beber alguma coisa na venda. Estabelece-se uma conversa na qual ficamos sabendo que a cidade não tem cemitério, entre outros detalhes. Acompanhado da mulher, entra Odorico, que veio para aproveitar a ocasião e fazer um comício — está em campanha para a Prefeitura e sua plataforma é a construção do cemitério. Sua plateia vai aos poucos sendo ampliada pelos demais personagens. Com esses elementos, Dias Gomes promete fazer uma crítica aparentemente certeira ao populismo: um vereador, demagogo e identificado com um moralismo bastante conhecido do eleitorado brasileiro no início dos anos 1960 (em seu discurso, Odorico lembra das promessas que cumpriu em seu mandato: acabar com o futebol no largo da Igreja e com o namoro e a sem-vergonhice atrás do Forte), promete realizar finalmente a obra que a comunidade reconhece como necessária. Com essa operação, parece que Dias Gomes promete trilhar o caminho de Aristófanes — o grande crítico dos engodos da democracia ateniense: combinar a "loucura" do estadista com a "insensatez" do eleitorado, mas de modo que tudo apareça como resultado normal (que Dias Gomes chama de patológico) das regras do jogo democrático. Um jogo que funciona no nível da campanha, porque um político bem-falante e "realizador" (cumpre o que promete, não importa o quê), de perfil nitidamente conservador, é esperto e inescrupuloso o bastante para aproveitar todas as oportunidades de fazer sua autopromoção – sobretudo as que lhe permitem "casualmente" estar em contato direto com o povo – e, em campanha, promete realizar obras de real interesse. A tal ponto sua atuação é convincente que à "oposição esclarecida" (o jornalista Maneco Pedreira) não resta outra alternativa senão dispersar o comício, recorrendo a um expediente típico de moleques.

Esvaziado o evento, prossegue o enterro que Odorico, naturalmente, vai acompanhar (mas só até a saída da cidade). Essa imperiosa necessidade política dá ensejo à apresentação de uma de suas facetas humanas: é traído pela mulher, que mantém justamente com o jornalista um caso discreto, mas firme (ela está decidida a deixar o marido, falta-lhe apenas coragem).

No segundo ato já encontramos Odorico eleito no dia de sua posse. Como convém ao perfil do político populista, entre outras joias de seu discurso encontra-se a seguinte: "Se Odorico é prefeito, o povo é que manda".[28] Ainda no capítulo da caracterização de seu personagem, Dias Gomes, como bom conhecedor do ofício, percebe um instante em que pode fazer um comentário que remete ao mesmo tempo para as determinações da comédia e a uma preocupação que faz sentido num político da sua natureza (portanto é tematicamente motivado). Diz Odorico: "Eu sempre me esqueço de rir. E rir é importante". A resposta de Lenilda confirma: "Ele tem razão, você não sabe rir" (p.368). Na continuação do diálogo, como se estivesse tentando treinar, Odorico solta uma gargalhada forçada, tomando por piada um comentário que deixaria qualquer marido com a pulga atrás da orelha. É perfeitamente compreensível a preocupação de um político essencialmente teatral, como

---

28 Dias Gomes, *Odorico, o bem-amado*. In: _____, op. cit., p.365. As demais citações serão seguidas do número das páginas desta edição.

Enquanto Seu Lobo não vem

é o populista, com todos os detalhes "técnicos" de suas apresentações – um dos quais seria essa indefinida capacidade de rir. Ele parece desconfiar de que "saber rir" é expressão de alguma qualidade importante, embora não saiba qual.[29] Isso no nível temático. No plano dos materiais, Dias Gomes passou uma rubrica para o diálogo, de modo a informar também para o público a seguinte orientação ao encenador: esse personagem, em si mesmo, não é cômico (nem sequer sabe rir); ele *parece* cômico aos espectadores justamente porque não só se leva totalmente a sério, como leva *tudo* a sério; em outras palavras, nós vamos rir *dele*, mas é um tipo perigoso; dele não se pode esperar boa coisa.

O segundo quadro ainda avança na caracterização do populismo e, em seguida, no delineamento do perfil de Odorico. É assim que, com as primeiras providências do prefeito, nos deparamos com o custo humano da realização de sua obra: como a prefeitura está praticamente falida, ele ordena o desvio das verbas destinadas aos serviços de água e luz para a compra do material da construção do cemitério e a desocupação do único terreno disponível (ali se encontra um circo). Uma vez que a necessidade do cemitério é óbvia, trata-se aqui de ilustrar a definição de prioridades: saneamento básico, obras urgentes e cultura ("o circo que se mude. Chega de palhaçadas. De hoje em diante vamos tratar de coisas sérias" – p.371) esfumam-se diante da "urgência" do

---

29 "Idiotices, absurdos, inépcias, tudo o que nos provoca o riso, não é só por isso necessariamente cômico. Aliás, não há nada de mais heterogêneo, mais contraditório mesmo do que as coisas que fazem os homens rir. Eles podem ser levados ao riso pelas coisas mais importantes e mais profundas, se perceberem algum aspecto que entre em contradição com seus hábitos e opiniões correntes. O riso torna-se então expressão do desejo de mostrar que não se é mais cretino que os outros, que se é suficientemente inteligente para perceber e reagir a este contraste ou a esta contradição." (Hegel, *Esthétique*, p.268)

cemitério, ou seja, da realização da nova obra. Ficamos, infelizmente, por aqui na caracterização do populismo. A única informação nova, no terceiro quadro, não avança em relação a essas: a professora não recebe salário há seis meses e não há verbas para a aquisição de material escolar.

O perfil de Odorico, por assim dizer, se completa nesse segundo quadro, quando Lenilda comunica sua decisão de abandoná-lo porque está seriamente envolvida com Maneco Pedreira. Para surpresa nossa, Odorico lhe informa que já sabia disso havia muito tempo e, reconhecendo suas "falhas" como marido, pede-lhe que não o deixe e apenas "mantenha as aparências". Seu argumento:

> Lenilda, seja humana, pense um pouco em mim também. Hoje eu sou o Prefeito, a maior autoridade do município. Minha carreira política depende muito do que pensem a respeito de nossa vida conjugal. Meu eleitorado é conservador. Avalie se você me abandonar no dia da posse. Vai ser um escândalo. Vai ser a minha ruína política. Você não pode fazer isso comigo. (p.375)

Esse nível de obsessão pela carreira, pelas aparências, enfim, pelo teatro da política assumido como um pressuposto nos dará o elemento que faltava para aquela passagem, nada necessária, é bom lembrar, à comédia de intriga: de fruto das circunstâncias, Odorico e sua subjetividade arbitrária passarão a princípio construtivo do restante da peça.

No terceiro quadro, as circunstâncias têm uma última chance: faz um ano que o cemitério foi construído e não morreu ninguém para inaugurá-lo. O jornal de Maneco Pedreira acusa o prefeito de esbanjador do dinheiro público por ter dado prioridade a uma obra inútil, e a câmara municipal, "contaminada pela oposição", ameaça pedir seu *impeachment*. A questão de vida ou morte, para

Enquanto Seu Lobo não vem

Odorico, passa a ser inaugurar o cemitério. A esse propósito, Anatol Rosenfeld nos apresenta o ponto alto de sua análise:

> Odorico cumpre a palavra. Gasta o dinheiro que se destina à vida (luz, água) para a construção do cemitério, adiando a inauguração festiva até o momento do primeiro enterro. E desse modo Odorico consegue inverter os valores de uma cidade inteira, a ponto da vida passar a ser um vício e a morte (naturalmente a dos outros), virtude e meta supremas. A ideia é espantosamente cômica, de uma comicidade estarrecedora, carregada de um simbolismo de tremenda virulência satírica. Para inaugurar é preciso ter um defunto. Mas, por desgraça, nenhum turista se afoga, nenhuma calamidade se abate sobre a cidade e os moribundos têm o desplante de ressuscitarem. Na ordem estabelecida por Odorico, o bem vira mal e o mal, bem.[30]

Desse ponto em diante, Odorico reina absoluto como uma espécie de Maquiavel, pois precisa de um defunto. Qualquer meio é válido: desde hospitalidade por conta dos cofres municipais a moribundos, passando pela invenção de intrigas que possam resultar em crime passional, até a promoção de um notório criminoso a delegado de polícia. Mas o moribundo recupera a saúde, o ex-criminoso se regenera e o defunto que resulta do crime passional é reclamado pela família (de outra cidade). Desmascarada sua rede de intrigas (pela imprensa: grave recuo em relação ao *Pagador de promessas*), Odorico tenta o último lance teatral que o aniquilará: imagina um atentado e, para dar realismo à sua encenação, dá um tiro no pé ("homenagem" a Carlos Lacerda) que, para azar seu, ricocheteia, indo a bala instalar-se seu coração.

Encontramo-nos, no oitavo e último quadro, com a cena do primeiro reformulada: o enterro de Odorico se detém à espera

---

30 Rosenfeld, op. cit., p.xxvii.

do padre (que não encomendaria um suicida) e, enquanto isso, os acompanhantes vão bebendo, como é habitual nessas ocasiões. Com a chegada do padre, o cortejo entra no cemitério, com todos os representantes do "povo" cantando e dançando completamente embriagados.

Como a comédia burguesa, o desastre de Odorico, ao preço de deixar no início a exposição crítica do populismo, mostrou a subjetividade desatada no livre desenvolvimento da perversidade que se destrói a si mesma.[31] Se esse livre desenvolvimento da perversidade até podia ter seu grau de verdade no *Tartufo* de Molière, mas no Brasil de Martins Pena já seria problemático, numa peça de Dias Gomes, que tem como pressuposto uma experiência de populismo que conduziu a desastres sobejamente conhecidos, é falso até a medula. E não estamos nos referindo apenas a seu desfecho de 1964, mas a uma das fontes da inspiração de Odorico: aquele político que, sabendo explorar com tanta competência os caminhos do populismo, chegou à presidência da República numa carreira por assim dizer fulminante.

Com esses resultados lamentáveis, somos obrigados a fazer um reparo à declaração de Dias Gomes: *Odorico* não é apenas uma comédia que "não ameaça nenhuma estrutura", é *mais* que isso. É uma comédia que *restaura* uma estrutura – a da comédia de intriga – e, ao fazê-lo, mantém intacta uma outra, mais insidiosa, que é a versão brasileira da ideologia dominante no capítulo das "explicações" disponíveis para o fenômeno do populismo. Daí a inexistência de problemas para a obtenção de patrocínio à sua montagem, inclusive do governo federal, num ano como o de 1970: ninguém pode se esquecer de que a ditadura militar era *também* uma crítica aos descaminhos do populismo – mas crítica limitada aos seus efeitos que, por natureza e método, não podia ir às suas raízes. Como *Odorico*.

---

31 Adaptando as formulações de Hegel, op. cit., p.288 ss.

Enquanto Seu Lobo não vem

5. O berço do herói

Já em 1963, quando foi escrita, a peça *O berço do herói* podia ser considerada subversiva até mesmo por detalhes como o da inclusão de um soldado covarde e um general mentiroso entre os elementos de sua trama. Mas, nessa altura, nosso dramaturgo não esperava pelo 1º de abril de 1964 que, entre outros feitos de maior vulto, intensificou a ponto do insuportável o caráter corrosivo desta peça. Basta lembrar, a propósito, os contornos de segurança nacional assumidos pelo problema criado em torno do veto à sua encenação, no dia da estreia, prevista para 22 de junho de 1965 no Teatro Princesa Isabel.[32]

---

32 Umas das fragilidades, digamos assim, dessa tentativa de montagem residia no próprio Teatro Princesa Isabel, propriedade do governo do Estado da Guanabara: mesmo que o governador não fosse Carlos Lacerda (que entre outras joias do pensamento udenista declarou à reportagem de *O Globo*, edição de 10 ago. 1965, que "quem manda no teatro da Guanabara é o governador"), os militares dispunham de meios extremamente eficazes para "convencer" qualquer titular de executivo estadual a cumprir o veto unânime dos generais à peça. A tentativa de usar um espaço "público" para sua encenação acabou tendo um efeito perverso e inesperado para seus produtores: deu a um político dos mais espertos a oportunidade de mostrar, a quem interessar pudesse, sua disposição ilimitada de prestar serviços ao novo governo. Foi assim que Carlos Lacerda determinou *pessoalmente* a proibição da peça a apenas quatro horas da estreia (provocando aos produtores um prejuízo diário de 1 milhão de cruzeiros da época – conforme notícia veiculada no jornal *Correio da Manhã* de 31 jul. 1965). Além disso, no período de protestos que se seguiu a essa violência, um general mandou o seguinte aviso a Dias Gomes: enquanto os militares estivessem no poder, *O berço do herói* não subiria à ribalta nem seria filmada (segundo o noticiário publicado no Caderno Especial n.2, sobre *Teatro e realidade brasileira*, da *Revista Civilização Brasileira*). Promessa afinal desmentida pela história: liberada em 1982, a peça foi encenada em maio

São muitos os méritos desta peça e os mais importantes já foram apontados por Anatol Rosenfeld: ela desenvolve de modo consequente motivos que já tinham aparecido em peças anteriores do autor – a maneira como são forjados "heróis" numa sociedade capitalista e o modo como, nessa sociedade, a "vida" parece depender da valorização da morte (comercialização, ou produção, se preferirmos), respectivamente trabalhados em *O pagador de promessas* e *Odorico, o bem-amado* – e, assim como *A invasão*, filia-se à melhor tradição do teatro moderno, que conta, entre outras obras, com *Um inimigo do povo*, de Ibsen, e *A visita da velha senhora*, de Dürrenmatt.[33] Nessas duas peças encontramos o mesmo tema de Dias Gomes: a corrupção necessariamente progressiva e o progresso corrupto dependentes da mentira forjada e cultivada por interesses político-econômicos.

Em poucas palavras, *O berço do herói* conta a história de Cabo Jorge, o estudante de direito convocado para a heroica Força Expedicionária Brasileira que, assim como vários outros, desertou porque teve medo de morrer. Mas, como todo mundo sabe, a brava gente brasileira teve uma participação decisiva nos destinos da Segunda Guerra Mundial e, quando se trata de lutar contra a injustiça, um filho da pátria não foge à luta, de modo que o comandante de seu regimento não precisou pensar muito para fazer um relatório no qual descrevia com riqueza de detalhes sua morte heroica na luta pelos "valores eternos da civilização cristã e ocidental", àquela altura seriamente ameaçados pelo nazifascismo. Os resultados não se fizeram esperar: Antonieta, amante do tio do herói forjado, o Major Chico Manga – chefe político da

---

de 1983 por dois grupos de Campinas (Procena e Tespis), segundo notícias publicadas pelos jornais *Notícias Populares* (5 maio 1983) e *O Estado de S. Paulo* (6 maio 1983).

33   Cf. Rosenfeld, op. cit., p.xxvii-xxix.

cidade –, legalmente transformada em viúva, recebe com todas as honras as homenagens póstumas dedicadas pelo Exército ao seu herói. A cidade, despertada de repente em seus brios patrióticos, reage de modo progressista à novidade: muda de nome para Cabo Jorge e passa a desfrutar de um prodigioso surto desenvolvimentista, explorando como matéria-prima a memória e o culto ao seu herói: turismo, comércio de "relíquias" e prostituição prosperam sobre o terreno intocado da exploração agropecuária do latifúndio de Chico Manga.

Um inesperado decreto de anistia aos desertores, entretanto, traz Cabo Jorge à terra natal, e sua presença, é claro, põe em risco todos os interesses envolvidos na história, inclusive a imagem do poderoso Exército nacional, detalhe que pesará decisivamente na definição de seus rumos. É assim que, no toma lá dá cá decorrente de tão infausto retorno, prevalece o fato de que Cabo Jorge, "para o Exército, está morto e deve continuar morto", de modo que, a troco da autorização para expandir seus negócios, a simpática Matilde, a cafetina "oficial", assume e cumpre a tarefa de matar o herói, salvando, assim, sua memória, a cidade e o Exército, de tantas glórias.

Como se sabe, o motivo do regresso do "desmancha-prazeres" já rendeu à literatura dramática obras de interesse diverso,[34] sem falar nos quilômetros de fitas que Hollywood espalhou entre os países aliados por ocasião do esforço de guerra,[35] detalhe que

---

34 Não é preciso reconstituir a história da dramaturgia ocidental desde a *Oréstia*; ver, por exemplo, a análise desse motivo fundamental no *Frei Luís de Souza*, de Almeida Garrett, feita por Wolfgang Kayser em *Análise e interpretação da obra literária* (p.285-300).

35 Fato referido diretamente por Dias Gomes em sua peça: quando Jorge, ainda estudante em Salvador, envolvido com a empregada (Antonieta) da pensão em que morava, comunica-lhe, desesperado, a convocação, a moça recebe a notícia entre preocupada e excitada com a aventura

impôs ao autor de *O berço do herói* um problema extra, uma espécie de desafio – o confronto com a tradição – do qual ele poderia não se sair muito bem. Dias Gomes mostrou-se, entretanto, à altura do problema: o simples fato de apresentar seu filho pródigo como membro da classe dominante (sobrinho por afinidade do latifundiário e chefe político da cidade), intelectual (ou pelo menos candidato a intelectual de província, pois interrompeu o curso de Direito em Salvador para ir à guerra) e desertor por covardia assumida (na medida em que não se deixou iludir pelos mitos bélicos), já lhe forneceu material suficiente para atualizar e determinar historicamente aquele motivo. Sendo objetivo do autor também discutir os absurdos da guerra, sem criar um personagem como este não avançaria nada em relação a seus antepassados. Aqui, Dias Gomes pretendeu ir além disso, e do que ele próprio já fizera: tratava-se de pôr em discussão o absurdo e o custo humano do funcionamento de uma engrenagem que tem justamente na indústria bélica (com a explosão nuclear como limite) um de seus setores de ponta. Por isso a justa observação de Anatol Rosenfeld: o tema central do *Berço* é a valorização da morte em vez da vida. Se em *Odorico* o tema se perdeu por conta das equivocadas limitações impostas ao seu conteúdo, aqui Dias Gomes decidiu-se a enfrentá-lo com todas as suas exigências. E, para isso, ele precisava exatamente

---

que imagina estar à espera do amigo: "Antonieta – ... guerra é guerra, os grandes é que decidem, ninguém pode fazer nada. E pode ser até que você esteja gostando de ir. Vai viajar, conhecer outros países, outras mulheres. Dizem que as italianas fazem miséria na cama. Meninas de doze anos já são mulheres escoladas. Jorge – Você imagina a guerra como uma grande farra. Antonieta – Estou inventando não, li numa revista do Rio. E quem sabe se você não vai voltar com o peito cheio de medalhas? Eu vi um filme de Gary Cooper, ele sozinho prendia mais de trinta. Jorge – Vão à merda, você e Gary Cooper!" (Dias Gomes, *O berço do herói*. In: _____, op. cit., p.491-2).

de um intelectual capaz de defender seu, digamos assim, "direito à covardia", pois que outro setor, no ano de 1955 (ano da "ação da peça"), reunia condições para perceber criticamente os rumos que o capitalismo estava tomando? Uma outra prova de coerência do dramaturgo é a caracterização de Cabo Jorge como membro da classe dominante: assim como fizera no caso de Zé do Burro, porém radicalizando um pouco, teve o cuidado de criar um personagem que, fundamentado nas aparências, acreditou na própria liberdade até a morte. E, ao contrário do que aconteceu em *Odorico*, a subjetividade de Jorge, por mais que se pretendesse expressão de um princípio superior aos correntes, permaneceu atada à rede de interesses criada em torno de seu mito, sem nenhuma chance de se manifestar, a não ser nos estreitos limites da vida subterrânea.

Cabo Jorge é também um nítido avanço em relação ao personagem Bastião, de *A revolução dos beatos*. Sendo um intelectual, seu processo de "conscientização" (não importa do quê) é um dado, podendo o dramaturgo dispensar-se de reconstituir sua trajetória da ignorância ao conhecimento. Também por isso, Dias Gomes libertou-se do "fardo" de algumas das formas superadas do drama burguês.

Do conjunto dos exploradores do mito do herói, que vai do Exército Nacional aos pequenos fabricantes de réplicas ("autênticas") das medalhas e vários outros objetos de Cabo Jorge, passando por um tipo muito conhecido de cineastas especializados em filmes "épicos", cabe destacar os mais diretamente envolvidos com o processo de sua preservação.

O Major Chico Manga é o latifundiário e deputado federal em campanha por sua reeleição, tendo como divisa o progresso de Cabo Jorge. Sua amante, transformada em viúva do herói ("Oxente, gente, terra onde defunto vota, por que é que não casa?" – p.537), com direito inclusive a pensão do Estado, é a única dos interessados a pensar em saídas para Jorge (quando este, perplexo, conclui que estão todos loucos, ela esclarece que "estão com a cabeça no lugar. Louco é você de querer bancar o cabeçudo" – p.540). Matilde, a próspera cafetina, tem tal consciência dos riscos que corre com o fim do mito, que negocia com muita decisão a vida de Jorge pela expansão de seus negócios.[36] Na figura do padre, Dias Gomes apresenta um caso extremamente interessante da "vítima" (combate com tenacidade o desenvolvimento da prostituição na cidade) e beneficiário da situação criada (depende das doações de Matilde e do comércio direto do mito). Por fim, o general representa o setor que dá a última palavra sobre as questões decisivas no país: até sua entrada em cena, a solução "razoável" (proposta de Antonieta) fora aceita por todos. À custa de uma pequena mentira nova (Jorge não morrera no mítico tiroteio, mas perdera a memória como consequência dos ferimentos e passara muito tempo num campo de concentração), a cidade deixaria de ter um herói morto e festejaria seu herói vivo. O general classifica essa solução como "incompatível com a dignidade militar" (p.531) e, na medida em que, para o Exército, Jorge deve continuar morto, dá o veredicto final.[37]

Dadas as características do texto, Antonio Abujamra, o mais radical de nossos brechtianos no início dos anos 1960, deve ter

---

36 Não é preciso recapitular a história da metáfora da prostituição usada para representar o sistema capitalista, desde fins do século XIX, pela vanguarda.

37 Mas Dias Gomes tem o cuidado de sugerir que a intervenção militar não se explica só por "razões militares". Não apenas através da providencial ida de Chico Manga ao Rio, mas também através da seguinte declaração (agora didática) do deputado: "Só comuniquei o caso ao Ministério da Guerra. Se mandaram um general é porque compreenderam a gravidade da situação. E foi bom, ainda mais porque livra a nossa responsabilidade. O que ele resolver está resolvido. E ele não vai admitir que esse borra-botas desmoralize a farda que vestiu. Vai ter que dar sumiço nele" (p.543).

Enquanto Seu Lobo não vem

encontrado grande facilidade para encenar a peça, que requer inúmeros recursos épicos, como recitativos (coros), projeção do filme (as cenas da morte heroica), *flashback* e outros. Mas, como o próprio autor admite, *O berço do herói* não é uma obra do teatro épico: há nela um hibridismo, dito proposital, que pede explicitação.

Assim como aconteceu em *Odorico*, só que agora de maneira menos marcada, *O berço do herói* começa numa forma e acaba em outra. Agora o início é teatro épico (prólogo e parte do primeiro ato), marcado inclusive pelo espaço cênico (praça e dispositivo para a projeção do filme), evoluindo para a comédia de costumes (alternando-se entre a praça e a casa de Antonieta) que encerra o primeiro ato. O segundo e último ato alterna o épico e a comédia de costumes, mas agora esta predomina. O autor não impõe ao conjunto da peça a forma épica, mesmo recorrendo a muitos de seus procedimentos e apesar de problematizar um dos pilares da forma dramática (o indivíduo livre). Apesar de problematizar o indivíduo livre, Dias Gomes não chega a problematizar, nesta peça, as relações intersubjetivas. Daí prevalecer a comédia de costumes que, certeiramente, o autor chamou de "comédia doméstica", quebrada, aqui e ali, por efeitos épicos. A expressão mais nítida dessa preponderância é a retomada do diálogo como veículo fundamental da trama. Se o teatro épico tem o diálogo como um de seus materiais (como conteúdo problemático), uma peça na qual ele reassume a função de condutor da trama implica a renúncia à forma épica que tinha sido seu ponto de partida.

Dias Gomes não deixou de ser consequente ao optar por tal recuo: uma tentativa de transformar em princípio formal o início da peça corresponderia a uma aposta no escuro, ou a uma elaboração abstrata de relações sociais que não estavam dadas. Ainda que o golpe militar não estivesse totalmente delineado, e muito menos suas consequências pudessem ser previstas, o teatro épico pressupõe, como já vimos, "um poderoso movimento social, interessado na livre discussão de seus problemas vitais e capaz de defender esse interesse contra todas as tendências adversas".[38] A incapacidade que nosso incipiente ascenso das lutas dos trabalhadores tinha de defender o interesse pela discussão de seus problemas na forma do teatro épico manifestou-se através de *O berço do herói* por três fatos que se explicam mutuamente: primeiro por seu caráter extremamente subversivo, ainda que nos limites do teatro moderno e com uma nítida tendência de regressão ao nível formal do drama; segundo, por não ter encontrado, antes de 1964, um produtor suficientemente ousado para correr os riscos de sua encenação e, por último, pela situação que criou (com direito a insistentes protestos da "classe" teatral e da intelectualidade) quando de sua produção e depois proibição, em 1965, num "campo minado" como era o Teatro Princesa Isabel. São algumas das vicissitudes de nossa dramaturgia nacional-popular.

---

38 Cf. Introdução, n. 19.

II.
Sob o signo da autocrítica

Fomos colhidos de surpresa pelo desfecho dos acontecimentos e despreparados não apenas para enfrentá-los, como também para prosseguir com segurança e eficiência em nossa atividade nas novas condições criadas no país. Revelou-se falsa a confiança depositada no "dispositivo militar" de Goulart. Também falsa era a perspectiva, que então apresentávamos [...] às massas, de uma vitória fácil e imediata. Nossas ilusões de classe, nosso reboquismo em relação ao setor da burguesia nacional que estava no poder, tornam-se evidentes. Cabe-nos analisar o processo que nos levou a semelhante situação.

Resolução Política do C. C. do PCB, maio de 1965

Na verdade não víamos no movimento nacionalista, que surgia, a forma específica que tomava, no Brasil, a formação da frente única. A isso éramos levados por dirigir o golpe principal justamente contra a burguesia nacional, reformista ou conciliadora, cujos representantes mais expressivos estavam à frente do movimento. A eles nos aliávamos apenas eventualmente, com o objetivo de ganhar as massas para as posições revolucionárias, para subtraí-las à influência daqueles com os quais momentaneamente nos uníamos. Considerávamos os choques entre nacionalistas e entreguistas apenas uma contradição entre as classes dominantes, e não como a expressão de um movimento

Dias Gomes

real e mais amplo que se desenvolvia no país, em defesa dos interesses nacionais e da democracia.

VI Congresso do PCB, dezembro de 1967

1. *O santo inquérito*

Escrita entre setembro de 1964 e janeiro de 1965[1] e dirigida por Ziembinski, em produção do próprio autor, *O santo inquérito* estreou a 23 de setembro de 1966, no Teatro Jovem do Rio de Janeiro, provocando na crítica o habitual exercício de "identificação das fontes". A mais fácil, digamos assim, foi Arthur Miller que, com sua peça *The Crucible* (encenada em São Paulo por Antunes Filho com o nome *As feiticeiras de Salem* em 1960), pôs em discussão a caça às bruxas do senador MacCarthy, tomando como pretexto acontecimentos reais da história norte-americana. Com base na identificação dessa fonte, pelo menos dois críticos simplesmente desqualificaram a peça de Dias Gomes: Fausto Wolff no Rio de Janeiro e Décio de Almeida Prado em São Paulo.[2] O crítico

---

1 Segundo notícia do jornal *Última Hora*, 31 out. 1966, com o título "Dias Gomes revive a lenda da judia que a Inquisição matou".

2 O primeiro, comentando a montagem de Ziembinski, declara, entre outras coisas, que o brasileiro "não tem o talento de Arthur Miller" (cf. Wolff, Nota sobre *O santo inquérito*, *Tribuna na Imprensa*). O segundo analisou a montagem paulista, de 1967, dirigida por Emílio Fontana e, mesmo mencionando o fato de que a peça tem "generosas intenções liberais com o gravíssimo defeito de chegar atrasada, pois Arthur Miller mostrou com muito mais competência a dialética do terror cultural", tem o cuidado de fazer uma importante referência ao contexto de nosso dramaturgo (sem, infelizmente, tirar disso qualquer consequência): "Que a Inquisição tenha sido retirada do museu arqueológico onde jazia há quase dois séculos para participar como protagonista de um drama de nossos dias, eis um sinal de que os demônios encontram-se de novo no Brasil. Há cadáveres, como o da

Sob o signo da autocrítica

paulista Paulo Mendonça menciona o parentesco entre Branca Dias e duas famosas heroínas da tradição teatral; Joana D'Arc e Antígone.[3] É também de Antígone que Anatol Rosenfeld aproxima Branca, sem perceber nenhuma contradição entre os fatos de que Antígone, sabendo muito bem dos riscos que corria, ousou enfrentar a decisão do tio Creonte, enquanto Branca foi condenada à morte por duas razões fundamentais: primeiro, *salvou a vida* daquele que a condenaria e, em segundo lugar, reconsiderou sua decisão de admitir seus "erros" e pedir clemência para não se identificar com aqueles que torturaram seu noivo até a morte e por discordar do papel abjeto desempenhado por seu pai.[4]

Assim como a aproximação entre Branca e Joana D'Arc aponta numa direção que o autor rejeitaria com veemência, a que Yan Michalski estabeleceu com a personagem Violaine de *L'Annonce faite à Marie*, de Claudel,[5] deve ter deixado Dias Gomes no mínimo preocupado com as possibilidades de neutralização de seu

---

intolerância, que nunca terminamos de enterrar" (cf. Prado, *O santo inquérito, Exercício findo*, p.235).

3 Cf. Mendonça, *O santo inquérito. Folha de S. Paulo*.

4 Cf. Rosenfeld, *A obra de Dias Gomes*, p.xxxii-xxxvi. Aqui o crítico encontra-se novamente diante de material que lhe parece útil para o desenvolvimento de suas reflexões em torno dos "heróis", o que o obriga a minimizar a importância de detalhes que registra, tais como "o desespero ante a morte do noivo humaniza a sua decisão, embora talvez lhe tire algo da grandeza", ou "ao salvar o padre do afogamento, Branca inicia o processo da própria destruição".

5 Cf. Michalski, Prefácio à primeira edição, *O santo inquérito*. O crítico, entretanto, faz questão de esclarecer que não pretendeu rotular o dramaturgo de católico, acrescentando, por outro lado: "Não me parece errado nem tendencioso considerar que a importância maior dessas obras reside, pelo menos em parte, em trazer a um país atormentado e dividido em facções e grupos de opiniões, aparentemente inconciliáveis, uma mensagem que é, apesar dos seus acentos de justificada indignação, um grito de confiança na fraternidade entre os homens" (p.6-7).

trabalho. Mas, de qualquer maneira, o dramaturgo sabia com o que estava mexendo. Tanto que teve o cuidado de publicar junto com o texto uma advertência onde, além de mencionar os modernos descendentes da Inquisição (Hitler, Franco e MacCarthy),

Quanto a Joana D'Arc, além do notório fato de ter sido a heroína preferida dos católicos franceses, foi tema, entre outros, de Anouilh, que contou, pela enésima vez, sua história em *L'Alouette* (de 1953), encenada em 1955 no Brasil como *O canto da cotovia* por Gianni Ratto, com Maria Della Costa, bem como do pouco piedoso Bernard Shaw (*Saint Joan*, 1923). E no mesmo ano de 1966 houve uma peça brasileira dedicada à sua história. Trata-se de *A donzela Joana*, de Hermilo Borba Filho, que a adaptou para a situação pernambucana da invasão holandesa. Não por acaso, esse texto saiu publicado na coleção "Diálogo da Ribalta" da nada neutra Editora Vozes, com a seguinte observação: "No plano religioso pretende Borba Filho apresentar-nos uma página trágica mas real da humanidade da Igreja. A Igreja é divina e humana. Como divina, recebe de Deus dons extraterrenos. Como humana, é a resposta do homem a Deus. E assim sendo, não é sem máculas e rugas. A igreja de Cristo, essa Esposa frágil que Cristo não cessa de arrancar de sua prostituição espiritual e de purificar dia por dia na sua peregrinação por esta terra, é o pano de fundo onde a Donzela Joana deverá escolher. Escolher o quê? O sofrimento de ser membro do Corpo Místico de Cristo entre os viventes, ou se prefere morrer entre as chamas para ir depois ao encontro do Cristo glorioso no céu" (Cf. orelha do livro de Borba Filho, *A donzela Joana*). Por essas considerações, pode-se ver que é inútil a pretensão de dar conta da intolerância religiosa colocando a Igreja Católica, como instituição, na qualidade de antagonista dos defensores da liberdade. Caracterizando-se antecipadamente como "resposta humana a Deus" e "esposa frágil de Cristo" com tendência à "prostituição espiritual", ela se preserva das críticas, mantendo a salvo seus negócios que não parecem ser terrenos. Por isso a adoção de Joana D'Arc como bandeira: mesmo comprometidos com o jogo político, seus agentes sempre ofereceram à heroína duas excelentes opções: a de ser *salva* (cedendo à "persuasão") ou *salva* (pela fogueira) – prova disso é sua canonização, significando que os "erros" de seus contemporâneos podem perfeitamente ser "reparados" pelos pósteros.

Sob o signo da autocrítica

lembra que, por um lado, Branca é *realmente* culpada de heresia, de acordo com os regulamentos inquisitoriais (é acusada de atos imorais e da posse de livros proibidos) e, por outro, exceto pelo fim trágico (a fogueira), ela nada tem em comum com Joana D'Arc:

> Ela não é uma iluminada, não ouve vozes celestiais nem se julga em estado de graça [...]. Não se julga destinada a grandes feitos nem a uma vida excepcional. Quer casar-se e ter quantos filhos puder — seu ventre anseia pela maternidade. Nada tem das maneiras masculinas de Joana nem de seu espírito de sacrifício; é feminina, frágil e vê no prazer uma prova da existência de Deus.[6]

De modo geral, a crítica não tomou a sério as indicações do autor. Uma possível razão para isso é o caráter assumido pela peça: pouco habituados a excessivos distanciamentos, nossos críticos devem ter se esquecido da sugestão de Brecht (discutir a conjuntura presente através de situações recuadas no tempo ou remotas no espaço). Daí não se incomodarem minimamente com o fato de que Branca Dias só passou a ser vista como herege após ter salvado a vida de seu algoz. Esse dado, que desencadeou sua tragédia (no sentido moderno) pessoal e familiar, não apareceu para a crítica como fruto de experiência recentíssima no país. Não deixa de ser curioso que a crítica teatral não percebesse a evidente conexão entre *O santo inquérito* e o processo de autocrítica por que passava a esquerda brasileira. Ainda mais que no teatro isso era evidente pelo menos nos palcos dos teatros Arena e Oficina. Este, desde o espetáculo *Andorra*, de 1964, pretendia discutir questões desencadeadas pelo golpe e o primeiro, desde *Arena contra Zumbi* (1965), examinava as razões da derrota de 1964.

---

6 Dias Gomes, O que sabemos e o que pensamos das personagens, *O santo inquérito*, p. 12-3.

Envolvido com esse processo de autocrítica até mesmo por razões partidárias, Dias Gomes, apoiado numa lenda brasileira e lançando mão de uma das formas do teatro épico (o teatro-tribunal), criou uma situação que lhe permitia avançar algumas questões. O que está proposto ao julgamento do público (o júri) não é apenas o Santo Ofício, mas também suas vítimas: Branca Dias, seu pai, Simão Dias, e seu noivo, Augusto Coutinho.

O teatro é transformado em tribunal já no início da peça: fazendo as vezes de coro, uma criança e sua mãe conversam sobre a história de Branca Dias, que morreu na fogueira. Não haverá, portanto, suspense, pois o júri-público presenciará uma exposição dos fatos e das razões das partes envolvidas. Padre Bernardo apresenta suas próprias razões e as regras do Santo Ofício (Branca não terá direito a defesa, não poderá saber quem a acusou, o inquérito será secreto e sumário). Branca, por sua vez, ainda tentando inutilmente entender o que se passou, reconstituirá os fatos mais importantes que tiveram como desfecho sua condenação à fogueira: salvou a vida de Padre Bernardo, que se afogava, aceitou que ele se tornasse seu protetor (confessor), permitiu que ele se introduzisse totalmente em sua vida e, quando chegou o Visitador do Santo Ofício, viu-se, já com um processo instaurado contra ela, diante da surpreendente alternativa para quem não se considera herege: confessar seus pecados e pedir clemência ou ser condenada à fogueira.

Os elementos que Padre Bernardo colhe para fundamentar sua acusação são os mais variados: começam com a ideia de que Branca está possuída pelo demônio (decorrente de sua própria excitação quando teve a vida salva por respiração boca a boca), desenvolvem-se com as informações de que Branca leu a Bíblia em tradução vernácula e possui livros proibidos (presente do noivo), tem uma vida de permanente entrega aos prazeres do corpo (nada nua nas noites de verão, gosta de sentir a brisa e reage excitada aos

Sob o signo da autocrítica

beijos do noivo em suas mãos) e culminam com a descoberta de que Branca é descendente de cristãos-novos que não abriram mão de suas práticas religiosas (o tipo de benção, o cheiro de azeitonas no velório do avô e a pataca que ela depositou sobre os lábios do defunto). Como se vê, independentemente de seus motivos pessoais para "não se deixar cair em tentação" (que Dias Gomes fez questão de destacar), e portanto independentemente de sua necessidade de livrar-se de Branca (que identifica como Satanás em pessoa) e de, por isso mesmo, martirizar-se (sua necessidade de autopunição chega ao extremo de queimar os próprios lábios), havia questões objetivas nas acusações a ela endereçadas: preservação da tradição judaica e, influenciada pelo noivo, cultivo de ideias liberais excessivamente avançadas do ponto de vista do Santo Ofício. Em uma palavra, subversivas.

O noivo, Augusto Coutinho, deste ponto de vista, tem um papel similar ao do personagem Rafael da peça *A invasão*. Mesmo aparecendo em cena na reconstituição dos fatos (já estamos em fins de 1964: a caça aos comunistas tornou-se prioridade nacional), teve, assim como Rafael, um papel indireto de extrema importância na determinação do destino de Branca: formado em Direito em Portugal e adepto, por isso mesmo, do ideário liberal à lusitana (que não chega, por exemplo, a pôr em questão a existência em si mesma do Santo Ofício, limitando-se a questionar seus excessos), estimula por assim dizer o livre desenvolvimento espiritual de sua noiva, presenteando-a com livros e com uma Bíblia em português. Num primeiro momento, são as ideias de Branca (estimuladas por Augusto) a respeito da vida e de Deus que vão estimular as suspeitas do padre. Depois, é o próprio exemplo de Augusto que, ao se recusar ao endosso das acusações feitas à noiva, pagando com a vida por essa atitude, vai estimular Branca a rejeitar as acusações, reformulando assim sua decisão anterior de, admitindo-as, submeter-se ao tribunal e pedir clemência. O argumento que ambos usam é o mesmo: "Por uma causa qualquer, grande ou pequena, alguém tem que sofrer. Porque nem de tudo se pode abrir mão. Há um mínimo de dignidade que o homem não pode negociar, nem mesmo em troca da liberdade. Nem mesmo em troca do sol".[7] Do ponto de vista do Santo Ofício, é forçoso reconhecer que Padre Bernardo, mesmo partindo de um espantoso mal-entendido (tomar como agente do demônio a mulher que salvou sua vida), acabou matando dois coelhos com uma só cajadada: Augusto morreu (acidentalmente, na sessão de tortura) por ter sido arrolado como testemunha, mas se havia ali um inimigo perigoso ou, no mínimo, um aliado que precisava ser mantido sob suspeição, esse era Augusto.[8] E Branca, como já sabemos, de qualquer forma (viva ou morta), seria salva...

Simão, por sua vez, tem duplo papel na determinação do destino da filha. Primeiro, como filho de cristão-novo, cultiva o ressentimento em relação à violência de que seu pai foi vítima: "O ódio não converte ninguém. Uma coisa é um Deus que se teme, outra coisa é um Deus que se ama. E não há nada mais próximo do ódio que o amor dos humildes pelos poderosos, o culto dos oprimidos pelos opressores" (p.50). Suas ideias a respeito de conversões forçadas são adotadas pela filha, que as defende com empenho diante de seu algoz. E, finalmente, é Simão quem comunica a Branca a morte do noivo, assumindo plenamente seu direito à omissão (ele reconhece que podia ter interferido de modo a

---

7 Ibid., p.125 (Augusto explica a Branca por que se recusou a testemunhar contra ela) e p.145 (Branca acusa o pai de corresponsável pela morte do noivo por egoísmo, covardia e omissão).

8 Na espécie de "dossiê" que Padre Bernardo tinha a respeito de Augusto, além de episódios relativos a rebeldias juvenis em seus tempos de estudante em Lisboa, constam também opiniões que andou defendendo publicamente, das quais o padre destaca a ideia "herética" de que nem mesmo a Igreja pode estar *acima* das leis civis...

evitar o desenlace, mas isso poderia comprometê-lo novamente, quando já se encontrava a um passo da liberdade). Quando a filha o acusa, tem lugar o seguinte diálogo:

BRANCA – Seu silêncio o matou. O senhor é tão culpado quanto eles.

SIMÃO – Não, ninguém pode ser culpado de um ato para o qual não contribuiu de forma alguma.

BRANCA – O senhor contribuiu.

SIMÃO – Não mandei, não executei, não participei de nada!

BRANCA – Silenciou.

SIMÃO – Também por sua causa. Por nossa causa. Era um preço que teríamos de pagar.

BRANCA – Preço de quê? Não entendo.

SIMÃO – É uma ilusão imaginar que poderíamos sair daqui, todos, sem que nada nos tivesse acontecido. Alguém teria de ser atingido mais duramente.

BRANCA – E o senhor acha que só ele o foi.

SIMÃO – Digo diretamente. (p.142-3)

Após esse exercício de pragmatismo paterno, Branca, repetindo as palavras de Augusto, modifica sua decisão e, ao apresentar-se ao tribunal, exige o reconhecimento de sua inocência: "É inútil, senhores. Não vou abjurar coisa alguma. O que quero, o que espero dos senhores, é a minha absolvição!" (p.147). Diante dessa "intransigência", só resta ao tribunal eclesiástico entregá-la à justiça civil, alegando porém que, apesar de lhe terem sido dadas todas as oportunidades de se arrepender, Branca escolheu permanecer "em pecado":

Acho que nos iludimos com ela desde o princípio. Sua obstinação e sua arrogância provam que tem absoluta consciência de seus atos. Não se trata de uma provinciana ingênua e desorientada; tem

Dias Gomes

instrução, sabe ler e suas leituras mostram que seu espírito está minado por ideias exóticas. Declara-se ainda inocente porque quer impor-nos a sua heresia, como todos os de sua raça. Como todos os que pretendem enfraquecer a religião e a sociedade cristã pela subversão e pela anarquia. (p.148-9)

Havia dois temas "no ar" no período que se seguiu ao golpe militar: o arbítrio que se instalou no poder e as modestas pretensões das vítimas do que se convencionou chamar "terrorismo cultural" (dos intelectuais). Dias Gomes tentou tratar de ambos em *O santo inquérito*. Como a esquerda, Branca Dias sofreu as consequências de uma ação que lhe pareceu ditada por impulsos naturais: salvou a vida daquele que seria seu algoz. A trajetória de Branca Dias, posta em julgamento, propõe à esquerda (o público "progressista" do teatro) a discussão de sua própria trajetória. Até mesmo a direção do Partido Comunista, na altura, já reconhecera o que chamou de "reboquismo": sua especialidade, no último período, fora justamente a defesa, a todo custo, dos interesses daquilo que chamava "burguesia nacional". Assim como Branca, essa esquerda ter-se-ia deixado envolver tão completamente por seus futuros algozes que nem ao menos se dava conta da rede que se tecia à sua volta e, quando da "virada", não apenas seria apanhada de surpresa (e espanto) com a perseguição que sobre ela se abateria, como ainda demoraria algum tempo para entender o que se passava.

Nesse trabalho de configuração teatral de uma experiência próxima, apesar de se utilizar de técnicas de distanciamento, Dias Gomes, ao caracterizar Augusto e Branca como liberais, talvez tenha se distanciado menos do que gostaria: a nenhum dos dois sequer ocorrera a ideia de questionar qualquer tipo de instituição; o choque de ambos com os representantes do Santo Ofício

Sob o signo da autocrítica

deveu-se à incapacidade destes últimos de absorverem, naquele momento, propostas mínimas de "modernização".

A aceleração do processo que culminaria com a morte dos dois deveu-se a um fator estratégico tanto na peça como em nossa experiência: a chegada do Visitador do Santo Ofício. Como se sabe, trata-se do único dado pacífico em nossa história recente o peso que tiveram os interesses do imperialismo americano na definição de nossos rumos políticos em 1964.

Já era um sintoma da dramaturgia de Dias Gomes o que podemos chamar de pequeno ajuste no foco de suas atenções, que começou a se manifestar em *Odorico*. Diferentemente do que ocorrera em *O pagador de promessas*, *A revolução dos beatos* e *A invasão*, em *Odorico* o que interessa é acompanhar as maquinações de um político e em *O berço do herói* é acompanhar a montagem de um complô contra um intelectual. A gente do povo e seus problemas não aparecem mais, como nas primeiras peças. Em *O santo inquérito*, graças também à forma adotada, o "povo" nem sequer precisa aparecer como "pano de fundo" (como ainda ocorreu em *Odorico* e no *Berço*). O "povo", agora, aliás, um setor privilegiado,[9] é introduzido na peça na qualidade de público e júri. Diga-se de passagem, ao mesmo tempo acompanhando uma tendência que se esboçava em nossa prática teatral (que em 1968 culminaria no "teatro de agressão") e, entretanto, lançando mão de uma das poucas formas do teatro moderno em que o aparte deixa de ter um caráter arbitrário – conhecido sobretudo na prática brasileira. Ao passarem para o plano dos materiais de que dispõe o dramaturgo (na medida em que desde o início do texto o público é instituído como jurado),

---

9 O público, embora várias vezes interpelado, sobretudo por Branca, ao final é caracterizado como indiferente ao que se passou: "Eles também acham que nada podem fazer e que nada disso lhes diz respeito. E dentro em pouco sairão daqui em paz com suas consciências, em seus belos carros e irão cear" (p.150).

os apelos que lhe são dirigidos tanto por Branca quanto por Padre Bernardo estão formalmente justificados.

Essa estratégia do texto não deve obscurecer o fato de que Dias Gomes ao mesmo tempo está propondo ao público matéria para reflexão e julgando, ele próprio, este público: não é por acaso que um guarda, aparentemente mera figuração, tem a palavra para definir sua perfeita inserção na divisão de trabalho estabelecida, e depois o público não apenas é identificado com ele como ainda é o guarda quem faz sua defesa. É assim que, quando Branca vai presa sem saber qual é a acusação, o guarda, que também não sabe, explica-se: "Os denunciantes denunciam, os juízes julgam, os guardas prendem, somente. O mundo é feito assim. E deve ser assim, para que haja ordem" (p.87). Ao final, quando Branca "constata" que o público também nada pode fazer por ela, responde-lhe o guarda: "Será justo dizer isso deles? Afinal de contas, vieram até aqui e estão sofrendo por sua causa" (p.151). Já estamos, como se vê, vivendo o processo que vai culminar em bofetadas não metafóricas.[10]

Há ainda outra operação perversa neste texto que só deve ser destacada por também fazer parte desse "processo contra o público": trata-se de sua introdução na peça não mais como júri ou guarda e sim de sua identificação com Simão, o personagem que desempenhou o mais abjeto dos papéis. A operação é das mais elementares: assim como para o guarda, a única coisa que interessa a Simão é salvar a própria pele; não se comprometendo (sem

---

10 O ponto alto desse processo registra-se em 1968 com a encenação (nem tanto o texto) de uma peça como *Roda viva* por José Celso Martinez Corrêa e, no plano do que passava por reflexão teórica, com o texto de Tite de Lemos, que parecia ter lido ao pé da letra uma tirada de Maiakovski, "Dar uma, duas, três, muitas bofetadas, eis a palavra de ordem", publicado no número especial da *Revista Civilização Brasileira* (Teatro e Realidade Brasileira) de jul. 1968, já citado.

Sob o signo da autocrítica

fazer o simples gesto – puxar uma corda – que salvaria a vida de Augusto), mesmo à custa de alguma perda e penitência (levar uma cruz na roupa durante um ano).

O santo inquérito é, pois, uma ampla investigação da qual nada escapa, nem o público. Mas, para completar nosso quadro, falta examinar os elementos fornecidos pelo autor para o julgamento de Padre Bernardo, afinal o representante dos "restauradores da intolerância" no país. Assim como, no julgamento do público, Dias Gomes acompanhou a tendência da "vanguarda" que ia se esboçando, a exposição das "razões" de Padre Bernardo segue o surto psicologizante que também já estava razoavelmente bem delineado: é assim que o padre enreda Branca Dias num processo em que o réu propriamente dito é ele mesmo. Sua "culpa" é a atração sexual pecaminosa que tem por Branca. Esse é o motivo (*leitmotiv*) que percorre a peça do princípio ao fim. Já perto do final, quando Branca, numa última tentativa de entender o que está acontecendo, pergunta-lhe quem obriga todos "a denunciar, a torturar, a punir", o padre responde que é ela mesma, por ser tentação, pecado e obstinação demoníaca, completando: "Você já contaminou outras pessoas [...] e continuará contaminado muitas outras, porque basta aproximar-se de você para cair em pecado" (p.128). Não deixa de ser interessante essa espécie de reviravolta operada por Dias Gomes na relação que vinha sendo estabelecida entre conservadorismo e repressão sexual. Em poucas palavras, o que nossos seguidores de Reich habitualmente diziam (e que Dias Gomes explicitamente endossa) é que a classe dominante precisa exercer a repressão sexual tanto para garantir a produtividade da economia quanto para preservar a dominação política. Mas, ultrapassando essa tese, devidamente expressa na condenação de Branca, Dias Gomes faz a análise incidir sobre o opressor que literalmente se entrega até mesmo à autoflagelação para não sucumbir aos apelos "da carne". Autoflagelação, aliás, que não tem muito sucesso, pois quando Branca pergunta ao padre por que se queimou, a resposta é "Para eliminar o gosto impuro dos seus lábios. Mas o gosto persiste, persiste [...]. Chego a ter alucinações" (p.129-30).

É muito curiosa, mesmo, essa interpretação dos horrores sofridos pelos agentes da "inquisição" restabelecida no pós-64. Seu pressuposto, então, é o de que suas vítimas (a esquerda) exercem um tal fascínio que eles próprios se entregam a todo tipo de mortificações para "não se deixarem cair em tentação". O propósito dessa operação fica mais ou menos esboçado: basta mostrar-lhes exatamente isto (que "o diabo" não é tão feio nem tão perigoso quanto o pintam e que "Deus" e seus agentes no fundo sentem uma irrefreável atração por ele) e estará aberto o caminho da aliança rompida – aliança, aliás, primorosamente simbolizada na salvação pelo processo boca a boca. Deve ter sido por isso que Yan Michalski elogiou tanto uma peça que, no fundo, para ele é "um grito de confiança na fraternidade entre os homens"...

2. *Dr. Getúlio, sua vida e sua glória*

Os anos de 1967 e 1968 assistiram aos mais variados processos de radicalização política e cultural nos estreitos limites do que era possível, tanto para as inúmeras organizações políticas clandestinas quanto para os setores culturais ainda organizados. Se o espetáculo do Oficina *O rei da vela* propunha um exame mais demorado de nossa já respeitável tradição política de aliança de classes, *Arena conta Tiradentes*, dando por liquidado o assunto, apontava explicitamente para o caminho da guerrilha.

No Rio de Janeiro, por outro lado, havia um grupo que, por diversas razões, discordava dos dois caminhos apontados pelos grupos paulistas e expunha essa discordância em termos teóricos e práticos. Trata-se do grupo Opinião, que em 1968 produziu a peça *Dr. Getúlio, sua vida e sua glória*, escrita a quatro mãos por Dias Gomes e Ferreira Gullar e, no mesmo ano de 1968, viu publicado o ensaio de um de seus fundadores – Vianinha –, que expõe algumas das razões da postura política e estética do grupo: *Um pouco de pessedismo* não faz mal a ninguém.[11] Por certo, nem todos os participantes do Opinião assinariam suas análises, mas seu pressuposto fundamental (a manutenção da perspectiva da aliança de classes que, apesar da proclamada autocrítica, permaneceu intocada) já

---

11 Originalmente publicado no número especial da *Revista Civilização Brasileira*, esse texto faz parte também da coletânea organizada por Fernando Peixoto: *Vianinha: teatro, televisão, política*, p.120-8. Em nota o crítico tece considerações, inclusive a respeito da revista, que vale a pena reproduzir até porque, em certo sentido, endossa um ponto de vista que está presente tanto na peça de Dias Gomes e Ferreira Gullar como no ensaio de Vianinha: "A edição da *RCB* foi uma intervenção de lúcida compreensão da necessidade de registrar o processo e incentivar a discussão de posições. Uma realização oportuna de Ênio Silveira, Moacyr Félix e Dias Gomes. Na apresentação, uma nota dos editores adverte para o espírito de discussão e divergência que se trava em suas páginas [...]. Entre os posicionamentos assumidos nos diferentes ensaios e depoimentos, um dos mais serenos e ao mesmo tempo dos mais provocativos foi o de Vianinha, propondo uma unidade em nome da sobrevivência e do aprofundamento da qualidade dos espetáculos, alertando para o absurdo de um antagonismo cada vez mais acirrado entre propostas esquerdistas-estetizantes-comerciais no instante em que o homem de teatro no país, como um todo, estava sendo esmagado. O próprio título já provocava discussões: 'pessedismo' (a partir de PSD – Partido Social Democrático) era uma expressão naturalmente pejorativa (daí a surpresa do título), que poderia ser 'traduzida' como 'jogo de cintura', 'habilidade para manter-se na corda bamba', 'conceder para não cair' etc. Por outro lado, para muitos era clara a compreensão a partir de uma espécie de 'trocadilho sonoro': pessedismo, a partir de PC... É um texto decisivo para a compreensão do pensamento de Vianinha. Ele revê posições em função de uma nova realidade. Para alguns começa aqui sua 'involução'. Para outros, ao contrário, sua evolução (leia-se, maturidade)" (p.129).

se transformara numa espécie de axioma. A classe teatral podia até discordar da redução a uma espécie de estrabismo (provocado pelo Teatro de Arena dos tempos de *Eles não usam black-tie*) o amplo conjunto de motivos políticos e estéticos da ala "engajada" do teatro que se contrapunha à ala "desengajada" (para manter as expressões de Vianinha). No ano de 1968, o setor mais radical da "ala engajada" podia até reagir escandalizado ao "modelo" de atuação política em favor do teatro encontrado por Vianinha em Paulo Autran:

> Paulo Autran, sozinho, só com a voz bem impostada, *de audiência em audiência*, desencavou verbas milagrosas *abalando o sistema político do governo em relação à cultura*. O que não conseguiria a classe teatral unida em torno de suas reivindicações, estudadas a fundo, debatidas e catalogadas e exigidas.[12]

Mas da tese central de Vianinha poucos discordavam. Para ela, as divergências "estéticas" que mantinham a classe dividida não estavam no centro do problema do teatro como setor cultural. Em suas palavras: "Na verdade, a contradição principal é a do teatro, como um todo, contra a política de cultura dos governos nos países subdesenvolvidos".[13]

O pano de fundo dessa "avaliação" política dos problemas do teatro, como o próprio Vianinha expôs, é a trajetória cultural (e política) do CPC, que não pode ser desvinculada de um de seus principais pilares – o PCB. Trata-se de ponto pacífico, no plano teatral, o caráter de radicalização das propostas do Teatro de Arena assumido desde o início pelo CPC que, em poucas palavras, pretendeu livrar-se das limitações impostas pelo mercado através de

---

12 Vianinha, op. cit., p.127. Os grifos são nossos.
13 Ibid., p.124.

Sob o signo da autocrítica

uma estratégia de "busca do povo que precisava ser conscientizado" (teatro de rua, participação em comícios etc.), graças a uma interessante combinação de atividade militante e verbas governamentais (através da UNE). Como se sabe, animados pela fantasmagoria do "já ganhou" (reconhecida como tal pelo PCB desde 1965), seus adeptos foram colhidos pelo golpe (a que se seguiu o incêndio da UNE, provocado sobretudo por *jovens* anticomunistas) em meio aos entusiásticos preparativos para a inauguração do Teatro da UNE.[14] Justamente pela impossibilidade de compreender de imediato o que estava acontecendo, houve, num primeiro momento, um esboço de resistência, em algumas horas desfeito pela palavra de ordem transmitida pelos militantes do PC: recuo organizado (mais tarde tópico obrigatório nas piadas de bar, sobretudo entre os que tomaram conhecimento da traumática experiência por ouvir dizer). Para o pessoal de teatro, esse recuo organizado, mais do que simples salvação da própria pele nos primeiros dias de abril, significou a constatação da inviabilidade da estratégia do CPC no novo quadro e a retomada do projeto do Arena – recuo que o texto de Vianinha ampliaria em 1968: tratava-se, em 1964, de "organizar a resistência ao terrorismo cultural".[15] É essa a pré-história do *Show Opinião*, apoiado

---

14 Ver, a respeito, depoimento de Luís Werneck Vianna, Vera Gertel e Carlos Vereza a Deocélia Vianna. Além de shows musicais, a inauguração do teatro promoveria a estreia da peça de Vianinha *Os Azeredo mais os Benevides*, dirigida por Nelson Xavier, com o seguinte elenco: Ivan Candido, Vera Gertel, Francisco Milani, Isolda Cresta, Modesto de Souza, Virgínia Vali, Carlos Vereza, Leônidas Bayer e o próprio Vianinha. Nos três depoimentos, o maior destaque cabe ao espanto de todos com os acontecimentos. Vianna, *Companheiros de viagem*, p.155-72.

15 Iniciativa que o PCB reivindica para si no "balanço" apresentado ao seu VI Congresso, realizado em dezembro de 1967: "Durante este período, o Partido exerceu, não obstante sua fraqueza momentânea, uma atividade externa e interna de real significação. Atuou como fator de

irrestritamente pelo Teatro de Arena e ponto de partida do Grupo Opinião, que deu continuidade às pesquisas em torno da linguagem teatral engajada (*Se correr o bicho pega, se ficar o bicho come* é um exemplo) e, no ano de 1968, divergindo novamente do Arena mas em direção contrária, assumiu a tarefa de promover a referida "união da classe", com o objetivo proposto por Vianinha, embora passível de controvérsias: lutas contra a política cultural da ditadura através da obtenção de verbas do Estado para o teatro, sem distinções estéticas ou políticas e, de preferência, pela via exemplificada por Paulo Autran.[16]

---

estímulo à unidade das diversas forças e correntes contrárias à ditadura [...]. Lutou para ativar o movimento estudantil [...]. Apoiou e estimulou um movimento de resistência e protesto da intelectualidade contra o terror cultural" (Carone (Org.), *O PCB* v.3, 1964 a 1982, p.55).

16 Se esta é certamente a mais antiga forma de "luta" contra a política cultural (?) de governos autoritários conhecida por nossa "classe teatral" e ao mesmo tempo desenvolveu-se com sofisticado *know-how* justamente pela fração identificada por Vianinha como a do "teatro desengajado", ao ser assumida pelo grupo que mais estreitamente se vinculou à trajetória do PCB, é expressão também do que podemos chamar de "revisão da autocrítica" representada pelo VI Congresso desse partido. Trocando em miúdos: em 1964-5, a experiência traumática permitiu o reconhecimento do "reboquismo" e outras mazelas de sua história recente. Mas o Congresso de 1967 "concluiu" que não era bem assim, pois aquela crítica, na realidade, provinha de dirigentes diversionistas que, por isso mesmo, teriam sido expulsos do partido na ocasião: "É certo que se manifestaram em nossas fileiras ilusões na burguesia e no 'dispositivo militar' do governo. [...] É também exato que, do ponto de vista político e ideológico, não nos preparamos nem preparamos as massas para que estivessem em condições de enfrentar de maneira adequada a violência da reação. [...] O oportunismo de direita manifestava-se também sob a forma de espontaneísmo na construção do Partido e de liberalismo na aplicação das normas orgânicas da vida interna. [...] Seria completamente falso, porém, localizar nas tendências de direita a causa fundamental dos erros que cometemos

Sob o signo da autocrítica

Esse quadro, em esboço ligeiro, permite o estabelecimento das determinações por assim dizer externas da peça *Dr. Getúlio, sua vida e sua glória*. Do ponto de vista da autoria (Dias Gomes e Ferreira Gullar), temos o encontro de um ex-cepecista e membro do Opinião com um dramaturgo que, embora "de esquerda", nunca tivera um texto encenado por grupos como Arena e CPC:[17]

---

na aplicação do V Congresso". E mais: "Não é correto afirmar-se que essas tendências de direita colocaram o conjunto de nossa atividade numa linha 'a reboque da burguesia'" (p.53). Após essa revisão, o documento expõe as teses, qualificadas de "esquerdistas", que deveriam ser combatidas, dentre as quais se destaca a da "negação da existência da burguesia nacional". Apresentado como eminentemente político, o conceito de burguesia nacional proposto agora é um verdadeiro "abre-te sésamo" para justificar por antecipação a aliança com qualquer um de seus setores: "Só a prática da luta anti-imperialista permite verificar quais são, concretamente, em cada momento, os setores da burguesia brasileira que se podem incluir na burguesia nacional" (p.63). Daí a "conclusão" do VI Congresso sobre a necessidade de retomar a política de aliança com a burguesia nacional, conceito "político" que não despreza sequer a possibilidade de incluir, dependendo da conjuntura, setores da grande empresa "cujos interesses são prejudicados e, em muitos casos, literalmente esmagados pelo capital monopolista" (p.63), uma vez que, ao contrário do que sugeria o documento de 1965, a "revolução brasileira" volta a ser caracterizada como "nacional e democrática".
Mais explicitamente, o ensaio-proposta de Vianinha significava, em 1968, nada menos que a versão, para a "classe teatral", da retomada, pelo PCB, daquela conhecida política de aliança de classes, para a qual o assédio aos cofres do Estado em busca de verbas para a empresa teatral é procedimento que está justificado *a priori* (e independe dos generais e prepostos de plantão).

17 Não que isso estivesse propriamente fora de suas cogitações, como demonstra o seguinte diálogo entre o dramaturgo e Ferreira Gullar. "Gullar: Nos anos quarenta, houve um movimento de renovação do teatro brasileiro com Ziembinski e Nelson Rodrigues, você não participou [...]; mais tarde, surgiu o TBC e, em seguida, o Teatro de Arena,

Dias Gomes

sua obra foi sempre encenada por grupos ou empresas, a começar pelo TBC, mais comprometidos com as vicissitudes do mercado que com questões políticas, de modo que, na "frente" que Vianinha estava propondo, Dias Gomes (assim como a atriz Teresa Rachel), pelo menos neste espetáculo, estaria no lugar (não que fosse) do setor "desengajado". Produzida em 1969 pelo Grupo Opinião, não apenas por ser Ferreira Gullar um dos autores, a peça deveria apresentar, necessariamente, algumas das qualidades requeridas por sua "plataforma político-cultural", tanto no plano do conteúdo como no da linguagem. Daí que, fiel à linha já explicitada pelo *Show Opinião*, mas também em função das exigências do texto, a música ficou a cargo de um notório getulista, mas ao mesmo tempo o maior compositor de sambas-enredo do Império Serrano, Silas de Oliveira (também conhecido pelas críticas que fazia às modificações que vinham sendo impressas a esse gênero de samba por uma escola "de vanguarda" nos anos 1960 como o

---

novos movimentos teatrais dos quais você também não participou. No começo da década de 60, surgiu o CPC, que propunha um teatro popular e político. Como se explica que você, homem cultural e politicamente participante, não se tenha integrado em nenhum desses movimentos e, especialmente, ao último? DIAS: [...] De fato, pela lógica, por identidade cultural em relação aos dois primeiros e por identidade não apenas cultural mas também política em relação aos dois últimos, eu deveria ter participado de todos esses movimentos. Por que não participei se estava de acordo com eles no dado momento histórico em que se realizaram e se, com exceção do Teatro de Arena, todos se desenvolveram bem junto a mim? [...] Um pouco de timidez, talvez. Sempre fui um criador solitário [...]. Mas isso não explica tudo, *porque eu teria participado de todos esses movimentos, se alguém tivesse tentado ganhar-me para eles.* Principalmente o CPC, com o qual eu tinha algumas discordâncias menores, mas que de modo algum poderia reprovar, pois a bandeira do teatro político e popular foi a bandeira da minha geração" (Dias Gomes respondendo a perguntas de Ferreira Gullar e Moacyr Félix, *Encontros com a Civilização Brasileira*, p.129-30. Grifos nossos).

Salgueiro), em parceria com o portelense Walter Rosa.[18] E, talvez para ilustrar a necessidade de ampla união dos setores culturais, a cenografia e os figurinos ficaram por conta exatamente dos salgueirenses que imprimiram os referidos rumos vanguardistas àquela escola: Fernando Pamplona e Arlindo Rodrigues (provenientes da Escola de Belas-Artes, onde foram discípulos de Santa Rosa). Além disso, a direção do espetáculo ficou por conta de José Renato, e sua montagem no Rio de Janeiro se realizou no Teatro João Caetano (propriedade do governo do estado, como se sabe). Finalmente, a data de estreia no Rio tem ainda um significado comemorativo: agosto de 1968, justificativa conjuntural para os eventuais recortes do conteúdo da peça.

Dr. Getúlio, sua vida e sua glória, cujo título já aponta para a adesão, em si mesma problemática, à perspectiva do samba-exaltação,[19]

---

18 Embora não conheçamos as simpatias políticas do também grande compositor de sambas-enredo da Portela (campeão do Carnaval de 1960, por exemplo), o fato de Walter Rosa ser muito amigo e frequente parceiro de Silas de Oliveira sugere alguma afinidade com este, pelo menos no que diz respeito à defesa da antiga forma do gênero. Quanto a Silas, Marília Barbosa da Silva e Arthur L. de Oliveira Filho informam que na campanha presidencial de 1950 foi cabo eleitoral de Vargas, o que lhe valeu, logo após as eleições, um emprego público. Seu "reconhecimento" ao presidente já aparecera no samba campeão do Carnaval de 1951: "Hoje a justiça numa glória opulenta/ A 3 de outubro de 1950/ Nos trouxe aquele que sempre socorreu a pátria/ Em horas amargas/ O eminente estadista Getúlio Vargas/ Eleito pela soberania do povo/ Sua vitória imponente e altaneira/ Marcará por certo um capítulo novo/ Na história da República Brasileira" (Sessenta e um anos de República. In: Barbosa e Oliveira Filho, *Silas de Oliveira, do jongo ao samba-enredo*, p.82-3).

19 Se a história dos desfiles das Escolas de Samba do Rio de Janeiro está repleta de acontecimentos que mostram o quanto custou a *conquista da avenida* pelos sambistas, também não se pode ignorar a persuasiva contribuição dos agentes do próprio Getúlio Vargas (do Estado Novo)

Dias Gomes

foi recebida com grande entusiasmo pela crítica, que acreditou ter visto na peça a materialização de um importante processo de pesquisa experimental, chegando alguns, como Maria Helena Kühner, a divisar nela um caminho para o teatro político[20] ou, como Anatol Rosenfeld, a classificá-la como "uma das mais brilhantes peças políticas da atualidade".[21] Não houve unanimidade, como era de se esperar, dado o processo de radicalização que se vivia. À esquerda e à direita apareceram objeções mais ou menos irrelevantes, mas ao menos um dos críticos registrou um aspecto ao mesmo tempo central da peça e convenientemente ignorado por quase todos. Tite de Lemos percebeu que nela prevaleceu a complacência e o temor de abordar de frente um assunto como Getúlio Vargas,[22] apontando, embora sem muita clareza, a estratégia dos dramaturgos: o *mito* Getúlio Vargas não foi enfrentado de acordo com as exigências do teatro épico. A esse propósito, basta-nos, por enquanto, lembrar uma importante consideração de Roberto Schwarz que aqui certamente é um *critério*: "Não é fácil falar de mitos sem cair em extremos, isto é: desmascará-los (caso em que podem ser

---

para se chegar a essa forma de samba. Basta lembrar que veio do DIP, em 1939, a "sugestão" de que os temas dos sambas-enredo fossem *patrióticos*. Tal "sugestão" reaparece, após a queda da ditadura, no regulamento "democrático" do desfile de 1947, cujo artigo 6º declara ser *obrigatório* o motivo nacional nos enredos (no ano seguinte, *nacionalista*) (Cf. Silva; Oliveira Filho, op. cit.).

20 Cf. Kühner, *Dr. Getúlio*: caminho para um novo teatro, *Jornal do Brasil*.

21 Rosenfeld, op. cit., p.xxxvii.

22 Cf. Lemos, *Dr. Getúlio, Jornal do Brasil*. Em todo caso, o crítico não consegue nomear adequadamente o fenômeno que percebeu. Recorrendo a um curioso paradoxo (Getúlio Vargas ao mesmo tempo é personagem melodramático e tem contornos épicos), obtém uma espécie de ponte para citar Althusser e seu estudo sobre um melodrama italiano, no qual se atualiza uma das teses do Marx da *Sagrada família*: o mito popular do melodrama teria sido inventado pela burguesia para anestesiar, paralisar, drogar o povo, assim como a "sopa dos pobres".

Sob o signo da autocrítica

parodiados ou não servem para nada) ou crer neles simplesmente (caso de fascismo ou retrocesso mental)".[23]

Contrariando seus hábitos, outro fenômeno que se observa no comportamento da crítica com relação a *Dr. Getúlio* é o silêncio sobre as fontes de Dias Gomes e Ferreira Gullar. Talvez o recurso à escola de samba – manifestação cultural "genuinamente" brasileira (é verdade que inspirada, em termos formais, em procissões do século XVIII etc.) – tenha ofuscado a utilização de materiais desenvolvidos por dois dramaturgos bem conhecidos nossos: Pirandello e Thornton Wilder. A utilização de técnicas importadas, como já ficou dito, em si mesma, não é motivo para desqualificar uma obra produzida por nossos conterrâneos. O que precisa ser visto é a maneira como ela se processa na tentativa de transformar em obra de arte nossa experiência específica. Em todo caso, por enquanto, identifiquemos os empréstimos. De Pirandello, nossos autores tomaram a forma épica da "peça-dentro-da-peça", destituída evidentemente de seu conteúdo: ao transformar em princípio construtivo um recurso temático antigo (que aparece em Hamlet, por exemplo), o dramaturgo italiano, em *Seis personagens à procura de um autor*, tematiza a falência da forma do drama, como mostra Peter Szondi,[24] enquanto em *Dr. Getúlio* encontramos um drama como suporte formal de um enredo de natureza épica. Drama que, mesmo preservando basicamente as três unidades – tempo (duração de um ensaio), lugar (a quadra) e ação (a luta entre o atual e o ex-presidente da escola pelo poder e pela mulher que, sintomaticamente, trocou o segundo pelo primeiro) – não pode se dar o luxo de cultivar suas exigências mais caras, tais como o aprofundamento psicológico dos personagens, por ser em essência o suporte e o comentário do assunto propriamente dito.

---

23 Schwarz, *A sereia e o desconfiado*, p.44.

24 Cf. Szondi, *Teoria del drama moderno*, p.107-12.

Thornton Wilder, um especialista em neutralização do teatro épico, foi quem trouxe para o primeiro plano o narrador/autor – explicitando, portanto, o eu épico – que em Wedekind (*O despertar da primavera*), por exemplo, permanece na sombra e só toma a palavra na cena final. Como acontece na peça *Nossa cidade*, do dramaturgo americano, em *Dr. Getúlio*, após o esclarecimento ao público (vamos assistir ao ensaio do enredo), devidamente feito por Simpatia, o atual presidente da escola, o Autor ("do enredo") toma a palavra e a condução do ensaio. Mas aqui se manifesta a criatividade dos brasileiros: ao mesmo tempo que o Autor conduzirá epicamente a apresentação de seu enredo, ele próprio está determinado pela situação que o precede, pois, como membro da escola, seu trabalho não se conduzirá apenas de acordo com seus critérios, mas também conforme o desenvolvimento do drama político-passional vivido pelas figuras mais expressivas de sua escola.

Essa estratégica determinação do narrador também funcionará como álibi para os dramaturgos. Sendo ele um membro da escola – portanto representante do povo –, fica desculpada, por assim dizer, a versão getulista do mito Getúlio Vargas que a peça destila, de modo que a crítica pode ser antecipadamente considerada injusta se afirmar que a peça falou de um mito no qual acredita. E, em forma de esclarecimento, é isso o que os autores sugerem na introdução:

> A presença do povo na saga getulina, quer como objeto quer como sujeito, quer oprimido quer revoltado, quer acusando quer idolatrando, era de tal ordem que *não havia como recusar a esse povo os papéis de narrador e personagem*. A forma de enredo possibilitava ambas as coisas.[25]

---

25 Dias Gomes, Ferreira Gullar, *Dr. Getúlio, sua vida e sua glória*. Introdução. In: Dias Gomes, op. cit., p.675. Grifos nossos.

Sob o signo da autocrítica

Mais ainda: mesmo reconhecendo que com esse recurso Getúlio é tratado por um ângulo mítico, os autores pretendem que a ação desenvolvida no drama da escola o desmistifique, porque o comenta e, como argumento final, concluem:

> Para nós, hoje, importa muito pouco saber se Getúlio foi bom ou mau, um sanguinário ditador ou o pai dos pobres. O que realmente interessa, nos dias atuais, é a pergunta que fazemos à História: por que nos países sul-americanos sempre que um presidente tenta seguir um caminho nacionalista ou reformista é derrubado? [...] Umas das conclusões a tirar é que o reformismo, num país como o nosso, gera fatalmente a contrarrevolução.[26]

Acompanhemos, então, esse samba para ver se os autores têm razão. O prólogo, como já dissemos, fica a cargo de Simpatia que também fará o papel de Getúlio. Sua caracterização já mostra o quanto os autores estão interessados no *bom* Getúlio:

> É um tipo sorridente, comunicativo, envolvente, como um camelô carioca. Quando não está "desfilando" de Getúlio é mais exuberante de gestos, mais "largado" no andar. Seu apelido define uma característica fundamental de sua personalidade: a simpatia algo malandra e irresistível. (p.681)

No prólogo, Simpatia explica que o ensaio aberto ao público pagante foi a forma encontrada para preservar a independência da escola,[27] já que Tucão – o bicheiro que a patrocinava e seu presidente durante dez anos – a abandonou. A consequência disso é

---

26 Ibid., p.676.

27 É inevitável a inferência relativa à saída apontada para o país: o desenvolvimento do *mercado interno* é entendido como o caminho para a independência política. Não é preciso reconstituir a história dessa tese insistente.

125

uma crise econômica muito séria. Outro problema é a oposição ao enredo: há quem deseje mudá-lo por parecer subversivo e porque a história ainda é muito recente, muitos personagens ainda estão vivos. Mas a maioria da escola está convencida de que, com ele, ganhará o Carnaval, de modo que não haverá mudança e, isso posto, o Autor é introduzido com as seguintes considerações de Simpatia: "Ele mais a comissão/ estudaram, pesquisaram/ leram livro de dar medo./ Por isso ele sabe tudo/ e tudo vai explicar" (p.684). Essa referência mostra bem até que ponto os autores estão conscientes das exigências que Brecht fazia ao teatro épico: para o dramaturgo alemão, o ponto de vista épico corresponde ao conhecimento científico e, ao contrário do que foi afirmado na Introdução, para o público *pretende-se* que o Getúlio a ser apresentado não é o que corresponde à visão popular, mas o Getúlio que resulta de pesquisa exaustiva. O "Chakispir" (p.685) da escola foi apresentado como *autoridade* em seu assunto. Como exige Brecht, mas que na peça não é. Um deslizamento desse tipo não pode ser acidental.

Assumindo seu papel de mestre de cerimônia, o Autor dá início ao ensaio do desfile, com a apresentação do samba-enredo, de acordo com a tradição. Como era de se esperar, dados seus reais compositores, trata-se de um excelente exemplar do samba-exaltação, segundo o qual o povo brasileiro, triste por ter sofrido um rude golpe, presta homenagem ao grande patriota; na enumeração de seus feitos, lembra que a Revolução de 1930 permitiu-lhe criar leis trabalhistas e a previdência social; reconhece que reprimiu paulistas, comunistas e integralistas, mas foi um nacionalista, o que é demonstrado por Volta Redonda e pela Petrobras; finalmente, referindo-se à última etapa de sua vida política, menciona o golpe que o depôs, a eleição em que o voto popular o reconduziu ao poder, período em que enfrentou o imperialismo e os traidores da pátria, luta da qual saiu pelo suicídio, deixando a carta-testamento. Como se vê, nada além do que "todo mundo sabe".

Sob o signo da autocrítica

Essa apresentação do samba-enredo é interrompida por Tucão, o bicheiro ex-presidente que não se conforma em ser abandonado por Marlene, a porta-bandeira, e tenta levá-la consigo. Essa interrupção estabelecerá um código importante para toda a peça: os desenvolvimentos do drama se darão em versos, enquanto os do enredo em prosa ou, como no desfile, através de recursos épicos próprios: alegorias (de mão e carros), alas com fantasias alusivas a personagens e episódios da história e assim por diante. Tudo de acordo com o que se passa, por exemplo, na concentração de antes do desfile, como a entrada de uma alegoria ou uma ala fora de ordem, para dar tanto realismo quanto toques de humor ao conjunto.

As duas histórias, assim reciprocamente determinadas, desenvolvem-se de acordo com o seguinte roteiro comum: no plano "real", Tucão perdeu as eleições e a mulher para Simpatia e, inconformado com a situação, quer a mulher e o poder de volta. Sua tentativa de chantagem econômica falha, e ele parte para a ofensiva: tenta sem êxito levar Marlene consigo à força, mas consegue dividir a escola através de campanha difamatória contra Simpatia e cooptação de alas inteiras que se recusam a desfilar, prejudicando o enredo (e sua apresentação no ensaio). Como Simpatia resiste até o fim, Tucão acaba promovendo seu assassinato (cena final, que coincide com a descoberta de Getúlio Vargas morto). No plano épico, assistimos a Getúlio Vargas e sua corte já às voltas com o "mar de lama" às vésperas do suicídio, às atividades golpistas de Lacerda, às negociações "duras" com os representantes do imperialismo americano, e assim por diante, até a reunião final com o ministério, a conclusão sobre a impossibilidade de continuar no governo, a carta e a despedida da filha Alzira (o suicídio não aparece, de modo que, de maneira cinematográfica, há uma espécie de fusão de planos no momento do assassinato de Simpatia/Getúlio, o que dá credibilidade aos gritos "Mataram

Simpatia"/"Mataram Getúlio"). O desfile se encerra com a alegoria da carta-testamento, lida em *off* pelo mesmo ator que faz o papel dos dois heróis.

Cabe destacar, a propósito das declarações dos autores a respeito "do que interessa", que o paralelismo entre as duas histórias se dá sobretudo na "explicação" ou, se preferirmos, na exposição das causas da contrarrevolução: assim como Simpatia foi derrotado porque uma parte importante da escola o abandonou, Getúlio foi destruído porque o povo, ou melhor, parte de seu eleitorado, acreditando na campanha difamatória de seus opositores, voltou-lhe as costas no momento em que ele mais precisava de seu apoio. Essa leitura do processo vivido por Getúlio é claramente exposta pela contraposição de duas (entre outras) cenas do enredo: a primeira, à página 695, mostra Getúlio *carregado pelo povo* no dia de sua posse e a segunda, à página 741, quando Getúlio, completamente acuado pelo "mar de lama", ainda conta com o povo e sua filha, com sarcasmo, responde-lhe: "O povo... o povo já está gritando nas ruas 'abaixo Getúlio', o mesmo povo que trouxe o senhor nos braços até aqui. Que é que o senhor pode esperar de um povo assim?". A essa fala segue-se uma ala que representa o povo em passeata, carregando cartazes com dizeres do tipo "Abaixo Getúlio", "Morre Getúlio". Entre essas cenas, além das já mencionadas, como a notícia da deserção de alas inteiras, uma merece especial destaque, pois dá razão ao comentário de Alzirinha. Trata-se do ponto culminante da sequência das atividades de Lacerda, mais uma vez apresentado através de hábil fusão: de uma conferência na qual Lacerda expõe a receita sobre "como se depõe um presidente" (significativamente entrecortada por reações de mulheres entusiasmadas com seu charme e inteligência), passa-se para um comício no qual se propõe (através de uma faixa) a "Aliança popular contra o roubo e o golpe" e se vê o povo se fanatizando em progressão; no instante seguinte o comício vira

Sob o signo da autocrítica

passeata, na qual se grita a palavra de ordem "Um, dois, três, Getúlio no xadrez".

Isto foi, no fundamental, o que fizeram os dramaturgos: ilustraram com grande competência artística (e política – vide o esforço bem-sucedido de arregimentação dos artistas que se associaram ao projeto) a proposta de Vianinha; a lição que procuraram passar nada mais é do que a antiga política de aliança de classes ou, tal como ficou especificado na peça, união do povo no apoio ao líder nacionalista de plantão – a resposta (única possível?) à permanente ameaça da contrarrevolução.

Na medida em que este era o propósito da peça, fica, por seu resultado, explicada a necessidade da adoção do ponto de vista "do povo" e, por conseguinte, a visão getulista de Getúlio, isto é, o mito. Porque, se fosse adotado o critério épico, tanto o mito Getúlio quanto o da "união nacional" teriam de ter sido desmascarados. Depois de *Dr. Getúlio*, pode-se dizer que também no Brasil completou-se o processo de neutralização do teatro épico.

Post-scriptum

No ano de 1983, centenário do nascimento de Vargas, com várias modificações – samba-enredo de Chico Buarque e Edu Lobo, introdução de cenas novas, alteração de outras, o final e até mesmo o nome, que passou para *Vargas*, óbvia referência a *Evita* – esta peça estreou, também no Teatro João Caetano, agora produzida pela Funarj e dirigida por Flávio Rangel. Como o então governador Brizola entendeu que a peça era omissa em relação ao papel de Goulart e deliberadamente falaciosa (notícia do jornal *Última Hora* de 5 de outubro de 1983), criou-se uma curiosa polêmica no Rio em torno de seu caráter. Alguns pedetistas mais afoitos chegaram inclusive a rotular os autores de udenistas. Chegou-se até mesmo a aventar a possibilidade de Brizola retirar o apoio econômico à peça (impedindo, por exemplo, a permanência do espetáculo no teatro João Caetano). Mas a melhor defesa da peça foi feita pelo ator Paulo Gracindo (que fez Simpatia e Getúlio nessa montagem) em declaração ao jornal *O Globo,* de 6 de outubro de 1983: "A peça é um hino de amor a Getúlio e dá toda a dimensão da sua grandeza moral".

3. *O túnel*

Segundo a cronologia da obra de Dias Gomes estabelecida por Samira Campedelli, *O túnel,* que permaneceu inédita em nossos palcos, foi publicada pela primeira vez em 1967.[28] Trata-se de informação interessante porque confere à peça um caráter premonitório (a ditadura completaria quatro anos sem sofrer arranhões). Nesse sentido, sua divisão em dois quadros corresponde, o primeiro, ao dia do golpe militar, e o segundo, ao seu quarto aniversário.

Dando continuidade ao processo de autocrítica iniciado com *O santo inquérito,* em *O túnel,* ao recorrer a um curioso engarrafamento de trânsito, Dias Gomes põe nessa situação os segmentos que foram apanhados de surpresa pelo golpe; um representante da "burguesia nacional", devidamente caracterizado como liberal (à brasileira) e proprietário de um Mercedes; um intelectual militante do PC dirigindo uma Kombi e um representante dos "colarinhos brancos", proprietário de um Fusca, comprado a prestações que ainda não acabou de pagar. Além desses tipos, há uma Loura (que está voltando da praia) e, no segundo quadro, um Carteiro (o contato com o mundo de fora).

---

28 Campedelli, *Dias Gomes,* p.12. Mas na nota à edição de *O Rei de Ramos* (1979) consta que a peça foi escrita em 1968.

Sob o signo da autocrítica

No quadro do espanto, assistimos às variadas razões da perplexidade e da contrariedade decorrentes da surpresa, das quais vale a pena destacar por razões óbvias as do Homem da Kombi:

> Não podia ter acontecido. É um túnel largo, sempre se passou muito bem por aqui. Nunca houve um engarrafamento dentro dele. É suficiente para o volume de tráfego. Sei toda a história desse túnel e posso lhe garantir, cientificamente... Não encontro explicação.[29]

Para essa perplexidade, não é a menor das ironias que a informação correta (não exatamente explicação) seja trazida pela Loura, prévia e posteriormente qualificada como alienada, egoísta etc.: "Tá na cara: mudaram a mão [...]. A mão é pra lá, pra *esquerda*; mudaram pra *direita*. Não avisaram ninguém, não puseram nenhum sinal, entraram carros dos dois lados e se encontraram no meio do túnel. Aí deu o bolo".[30] Após as reações de incredulidade dos três, ela completa a informação: "Lá no ônibus onde eu estava ouvi dizer que o Diretor de Trânsito foi demitido. O novo foi que mudou a mão. Dizem que vai haver uma revolução no tráfego" (p.765). A reação do Homem da Kombi mantém a perplexidade, mas avança alguns de seus motivos: "Não podiam mudar a mão... É evidente que não podiam. Não se muda assim de um golpe a direção das águas de um rio. Há leis no tráfego, há leis na natureza e há leis na história. Dialeticamente..." (p.765). Estamos, como se vê, diante de importante registro de algumas das fragilidades teóricas de nossos "marxistas-leninistas". Fragilidades que, entretanto, não impedem o personagem de, por exemplo, apontar, através de evidências empíricas, falsos líderes que propõem falsos caminhos (dois carros que avançam complicando ainda mais

---

29 Dias Gomes, *O túnel*. In: _____, op. cit., p.764.
30 Ibid. Grifos nossos.

a situação). Embora o quadro apresente um painel mais amplo e irônico dos problemas e sugestões de todos os envolvidos, o grande alvo de Dias Gomes é o Homem da Kombi.

Quatro anos depois, mesmo em total desconforto, reduzidos às necessidades mais elementares, submetidos a todo tipo de proibições e de explorações, mesmo extremamente insatisfeitos, todos acabaram por adaptar-se à situação, cada um segundo seus recursos (o personagem do Mercedes, por exemplo, conseguiu máscaras de gás para não morrer por asfixia, ocorrência diária). Quanto a "aceitá-la", há divergências. O homem do Mercedes, apesar de tudo, acabou concordando que era mesmo necessário fechar o túnel. O da Kombi tem uma proposta "realista" para solucionar o problema, um manifesto para criar uma frente de resistência: "Não há ninguém aqui dentro que esteja satisfeito com a situação, não é? Pois bem, vamos organizar uma frente ampla, que una desde o chofer de ônibus até os donos de Mercedes-Benz" (p.781). As reações à sua proposta são as seguintes: o homem do Mercedes não assina por princípio e porque não quer complicações, e o do Fusca porque quer resultados imediatos, deseja a luta armada mesmo e, além disso, porque *sabe* que para os donos de Mercedes continua tudo bem, critica o âmbito da frente ampla. Aos argumentos do personagem da Kombi – o do Mercedes (que se diz patriota) também foi prejudicado; é preciso ter a paciência dos mais experientes como ele; não é possível atropelar o processo –, o do Fusca reage explosivo: "Ah, estou farto de seus conselhos, de suas críticas e autocríticas, de seus manifestos. De que lhe valeu toda essa experiência? Estamos há quatro anos aqui dentro e a solução que você nos aponta é esperar mais trinta!" (p.782-3). É verdade que as motivações do homem do Fusca são de "pequeno-burguês" egoísta e desesperado. É também verdade que a bomba por ele preparada afinal não explode, o que o deixa completamente desiludido. Mas aqui o dramaturgo se

Sob o signo da autocrítica

limitou a expor argumentos *ad hominem* (por sinal, especialidade dos "motoristas de Kombi"): não chegou a questionar diretamente nenhum dos argumentos do Fusca que, conquanto incapaz de propor uma saída adequada, nem por isso deixava de ter razão em suas críticas. Aliás, todo o primeiro quadro encaminhara à sua explosão, assim como o pronunciamento comemorativo do quarto aniversário do "bem-sucedido engarrafamento", que é abafado por uma explosão ensurdecedora de buzinas (segundo a rubrica, o "buzinaço" deve também envolver o público).

Analisando a obra de Sartre, Peter Szondi mostra como o recurso a prisões, esconderijos, lugares fechados nos quais os personagens são colocados à revelia, ao mesmo tempo que indica o caráter épico do autor (é o sujeito da união forçada), pode resultar numa aparente salvação do estilo dramático.[31] Mas essa salvação pode estar justificada pelo conteúdo, como no caso de *O túnel*, em que Dias Gomes se limitou a configurar uma experiência histórica do tipo "beco sem saída" no qual todos os "engarrafados" estão à mercê de iniciativas que não dependem deles. No plano dos que promoveram o engarrafamento, as soluções conservadoras não dependem nem mesmo do "diretor de trânsito" de plantão e, no nível dos que podem desobstruir o túnel, as soluções dependem de providências que nenhum dos "engarrafados" é capaz sequer de formular.

4. *Vamos soltar os demônios*

Aprofundando o caminho aberto com a experiência formal de *O túnel* (agora o recurso é um esconderijo), e por isso mesmo recuando sensivelmente em direção a uma das variantes do naturalismo psicológico, cultivado sobretudo na dramaturgia

---

31 Szondi, op. cit., p.81-4.

americana,[32] essa peça escrita em 1969 permaneceu inédita em nossos palcos até 1984, quando estreou em Recife com o novo nome, *Amor em campo minado*.

A ideia de que a peça também dá continuidade ao processo de autocrítica iniciado em 1965 (oficialmente) é do próprio autor:

> Embora escrita seis anos após o golpe de 64, a peça reflete ainda um estado de perplexidade e uma ânsia de compreender o que aconteceu. Por que os nossos sonhos de justiça social, que pareciam tão solidamente enraizados numa realidade política que nos parecia real, desmoronaram em poucas horas ao sopro de ventos que talvez não dessem para derrubar nem mesmo um castelo de cartas? Partindo do pressuposto de que erramos, onde erramos? E quais as origens do erro?[33]

Não apenas por essas considerações, mas pelo que já havíamos visto em *Dr. Getúlio*, a hipótese proposta em *O santo inquérito* já está descartada. Por outro lado, a crítica dirigida ao PCB em *O túnel*, dados os próprios limites da peça, mal passou da formulação de alguns problemas por um personagem (Homem do Fusca) que também não se mostra capaz de fornecer respostas melhores. E não será em *Vamos soltar os demônios* que Dias Gomes conseguirá avançar.

Aliás, como o próprio autor afirma, dessa vez sua tentativa de contribuição para o debate dos temas que estavam no ar será muito mais modesta. Passando para o centro das preocupações dessa peça, o tema das contradições do intelectual de esquerda, o dramaturgo abandona todos os motivos que possam remeter para a experiência histórica num sentido mais amplo e restringe-se à configuração de uma espécie de *mea culpa* de um setor particular

---

32 Rosenfeld, sem ver nisso um defeito, refere-se à inspiração do dramaturgo em alguns motivos de *Quem tem medo de Virginia Woolf* de Edward Albee (cf. Rosenfeld, op. cit., p.xxxiv).

33 Dias Gomes, Nota do Autor, *Amor em campo minado*, p.6.

Sob o signo da autocrítica

dos companheiros de viagem da revolução derrotada, através da figura-síntese de um jornalista de esquerda, Sérgio Pontes (Penafiel na segunda versão).

Logo após o golpe, com o início da caça às bruxas, Sérgio está na mira da polícia e um de seus amigos comunistas, sócio de uma *garçonnière*, oferece o local como esconderijo. Um dos sócios, em "seu dia", chega acompanhado e ali encontra o jornalista disfarçado de padre. Tem início uma série de mal-entendidos que se amplia ao extremo com a chegada de Nara, a esposa de Sérgio. Com esse material, a única coisa que pode ser realizada em termos formais é o drama-conversação, pois a única coisa que "realmente" está acontecendo é a busca de Sérgio, que termina com a peça e a chegada dos policiais ao apartamento.

Entre aquelas quatro paredes, ao mesmo tempo que tem oportunidade de exercitar sua capacidade de crítica aos valores pequeno-burgueses (contra Moura, o sócio de seu amigo, e a acompanhante), Sérgio faz também uma longa viagem noite adentro, revisitando toda a história de sua relação com Nara, na qual ambos exorcizam seus respectivos demônios: religiosos, morais, sexuais, psicológicos, políticos, culturais etc. Durante esse exorcismo, no qual, para espanto de Anatol Rosenfeld (dada a situação), há oportunidade até para fazer amor, ato seguido (ou precedido) de recitações do Apocalipse, Sérgio e Nara sobretudo *comentam* a perplexidade geral, como no seguinte diálogo:

SÉRGIO – Quem é que podia prever o que aconteceu? Eu mesmo, até agora, ainda não consegui acreditar. Por mais que eu queira me convencer… é inteiramente ilógico, irracional, estúpido. Esta noite não consegui dormir um segundo, pensando, tentando estabelecer uma relação lógica de causa e efeito entre o que aconteceu antes e o que aconteceu depois. Sabe que é impossível. É como juntar dois pedaços de um quebra-cabeça que não se ajustam.

NARA – É que você continua fora da realidade. Você e todos os seus amigos. Isso de não ter para onde ir, de não ter admitido antes como uma possibilidade o que aconteceu depois, mostra que vocês não passam de uns brincalhões.

SÉRGIO – Brincalhões não, imprevidentes talvez.

NARA – A imprevidência era o resultado da falta de seriedade.

SÉRGIO – Não, não, Nara, é injusto o que você está dizendo. Seriedade havia até demais.

NARA – Eu não estou querendo admitir que foi simplesmente por... burrice.

SÉRGIO – Eu não sei. Não sei. Alguma coisa falhou. Ou fomos enganados. Elaboramos uma tática sobre dados falsos. Informações falsas. Sei lá. O fato é que havíamos atravessado o Rubicon e nada mais podia deter o nosso ímpeto revolucionário; de repente tudo desmoronou, como um castelo de cartas.[34]

Não é difícil identificar aí cada um dos tópicos que circularam em quase todas as bocas críticas do período. Mas é extremamente interessante que Dias Gomes coloque na de uma mulher – cuja experiência conjugal se deu exclusivamente sob o exercício do mais requintado machismo de um intelectual, que nem mesmo dispensou a violência combinada com a criação e o cultivo do necessário complexo de inferioridade em sua companheira – os argumentos do bom senso, que também fez muita falta no pré-64.

O desenvolvimento da peça não ultrapassa o âmbito dessas considerações. O que vemos é o progressivo desmascaramento do intelectual, em todos os aspectos, sendo mais importante o relativo às suas ilusões de independência e poder ("escrevendo eu posso causar muito dano ao inimigo, como já causei" – p.810), agora destruídas nem tanto pelas observações da esposa:

---

34 Dias Gomes, *Vamos soltar os demônios*. In: *Teatro de Dias Gomes II*, p.804-5.

Sob o signo da autocrítica

você contesta um regime sem se aperceber de que essa sua contestação faz parte do jogo consentido. Em resumo, você serve e serve melhor quando está contestando, justamente porque seu inconformismo, sendo inofensivo, é usado e consumido pelo sistema que necessita dele para se intitular de democrático. É isto que você não percebe. Você e os bobos que pensam e agem como você. (p.852)

A tais observações Sérgio reage ora com violência, ora com perplexidade; o que acaba de fato com suas ilusões é a conclusão inevitável sobre a necessidade de aceitar a proposta de um amigo que não apenas aderiu ao golpe (e tem "influência"), mas ainda é amante de sua esposa, a qual viera ao local justamente para comunicar-lhe sua decisão de abandoná-lo e a proposta de ajuda.

O caminho delineado por essa conclusão, entretanto, não foi sedutor o bastante para Dias Gomes. Devidamente ancorado na caracterização ambígua de Nara (que não exclui os "demasiado humanos" sentimentos de amor e ódio, desprezo e admiração cultivados com relação ao marido), após todos os acertos, o dramaturgo faz que ela mude de ideia e permaneça com o marido esperando a chegada da polícia política. Gesto que serve para destacar e ilustrar a conclusão a que Sérgio chegara:

> Até ontem, eu julgava que tinha feito alguma coisa. Hoje, começo a achar que não fiz nada, rigorosamente nada. E o fato deles estarem vindo me prender, e poderem fazer isso a qualquer momento, é uma prova de que eu não fiz mesmo nada. (p.865)

O desfecho não deixa de ser surpreendente: quando Nara faz uma proposta *hippie* ao marido (façamos amor enquanto esperamos pela polícia), este, mesmo tendo aparentemente completado seu processo de autocrítica, ainda acha argumentos para sugerir que

Dias Gomes

tudo chegou ao ponto a que chegou "porque ficamos fazendo amor, enquanto eles faziam a guerra" (p.867), embora aceite o convite.

Em sua análise desta peça, já citada, Anatol Rosenfeld assinala algumas inconsistências e pontos que inspiram dúvidas, sobretudo em relação ao seu excessivo psicologismo, que já vem sugerido pelo próprio título. Mas não ocorreu ao crítico que o deslizamento da política para a psicologia, com as inconsistências e os paradoxos que o acompanharam, documenta, de modo quase fotográfico, a perplexidade e o grau de inconsistência da própria vida intelectual, não no pós-64, mas no pós-68, quando à falta de caráter própria dessa camada social (configurada de maneira implacável na peça) soma-se a situação "objetiva" que parece apontar para apenas duas alternativas: fisiologismo ou morte. A título de "compreensão humana", o dramaturgo sugere que o intelectual, graças à esposa, ficou com a segunda.

Outro aspecto determinante da inconsistência geral da peça (que o crítico evitou mencionar) decorre das próprias intenções do autor, que prevaleceram sobre o material de que dispunha. Assim como vinha ocorrendo com seu Partido, o processo de autocrítica em pouco tempo transformou-se em crítica aos outros[35] e, nesta peça, os "outros" são exatamente seus companheiros de viagem. Conforme o autor procurou demonstrar, estes também são culpados pela derrota de 1964 porque, numa luta muito mais decisiva do que parecia, não se empenharam com a profundidade necessária (ficaram fazendo amor); por isso a necessidade de recorrer ao discurso psicológico pois, dados os limites políticos impostos à discussão, tratava-se de mostrar o

---

35 Como já vimos, o Congresso de 1967 não se limitou a desautorizar as teses relativas ao "reboquismo" apresentadas em 1965. Fez mais: expulsou do partido seus defensores, doravante estigmatizados como "esquerdistas".

Sob o signo da autocrítica

que ocorria por razões ideológicas dessa falha: a formação religiosa não resolvida, o apego à moral chauvinista, criticada apenas no discurso, mas patente nas atitudes, a adesão ao que passava por formas de vida burguesa (cultivo de certo tipo bastante marcado de "bom gosto", importância da família, sexualidade exacerbada etc.) – enfim, uma série de problemas cujo "exame" pôs a nu (na cena final) o caráter do intelectual, que não merece muita confiança. Mas sim piedade (configurada no desfecho). Em poucas palavras: se na superfície meramente descritiva Dias Gomes pode até ter acertado, a inconsistência de fundo de sua peça se expõe nas inconsistências formais.

Uma última curiosidade a seu respeito encontra-se na já referida "Nota do autor" à edição de 1984:

> Lembro-me da reação de alguns companheiros à peça: oscilava entre a estranheza e a pura indignação. Para uns, eu tinha sido injusto com a intelectualidade de esquerda que, afinal de contas, com raras exceções, não se corrompera e lutava com a bravura possível contra o regime militar e autoritário estabelecido. Outros discordavam da oportunidade de se exorcizar publicamente nossos erros e contradições [...]. Hoje [...] imagino que os anos tenham levado a uma compreensão menos sectária do papel do intelectual como crítico de seu tempo. Posições como essa de não expor nossas deformações e fechar os olhos às contradições entre a teoria e a prática, a palavra e o gesto, quando isso ocorre em nossas fileiras, é que permitiram o aparecimento e a impunidade do stalinismo, exorcizado somente após a morte daquele que, enquanto viveu, foi para muitos (cientes ou não de seus crimes), o *pai*, o *guia genial*, libertador dos povos.[36]

---

36 Dias Gomes, Nota do autor, *Amor em campo minado*, p.5-6.

Dias Gomes tratou de qualificar de stalinistas os companheiros que discordaram da oportunidade do exorcismo, no que tem toda a razão, mas de novo fica na superfície, não se dando conta de que a falta de liberdade para o exercício do debate e da crítica é mera consequência da necessidade de manter intocadas as opções políticas de fundo. Talvez a estranheza, ou a indignação, de alguns de seus companheiros nos idos de 1960 decorresse da suspeita de que, ao expor as deformações *dos outros* (os companheiros de viagem), a peça deixou *intocadas* as verdadeiras razões que os conduziram ao seu beco sem saída. Pois, como se sabe, desde 1967, os que estavam engajados no partido já "sabiam" qual era a velha e boa saída de sempre.

III.
O filho pródigo

Ninguém aqui está formulando posição contrária à experimentação. O que não podemos é tomar posição de fazer do teatro brasileiro um imenso laboratório, desligado de suas condições comerciais, de seus atrativos para o público.

Vianinha, *Um pouco de pessedismo não faz mal a ninguém*

1. As primícias

Entre os anos de 1970 e 1979, Dias Gomes afastou-se da ribalta. Em 1977 escreveu e em 1978 publicou *As primícias*, mas essa peça permaneceu inédita em nossos palcos. As razões do afastamento, em suas próprias palavras, são as seguintes:

Em 1968 havia desabado sobre nós o AI-5. Mas em 65 eu já havia tido uma peça proibida no dia mesmo de sua estreia, *O berço do herói*. E em fins de 68 chegara a vez de *A invasão* também ser proibida. Em 69 eu estava escrevendo *Vamos soltar os demônios* e, antes mesmo de terminá-la, entendi que, dentro da nova situação política do país, sua encenação era impossível. Até mesmo o filme *O pagador de promessas* não obtinha renovação do certificado de censura desde 67. Só um

Dias Gomes

cego não perceberia que determinado tipo de dramaturgia daí em diante teria obstado seu acesso ao palco. Continuar vivendo exclusivamente de teatro era impraticável. A menos que eu quisesse "me adaptar" e fazer o teatro permitido pelo regime. De certo modo, eu me via diante do mesmo dilema que determinara meu primeiro afastamento. E, tal como naquela ocasião surgira o rádio como opção, desta vez surgiu a televisão.[1]

Durante sua ausência, alguns acontecimentos concorreram para dar ao teatro um perfil radicalmente novo. Além do desaparecimento dos grupos que deram a fisionomia do teatro nos anos 1960 (Arena, Oficina e Opinião), do verdadeiro terror cultural "regulamentado" pelo AI-5 e da *multiplicação* dos grupos independentes, observa-se, no plano do teatro empresarial, um movimento que a partir do 1975 vai se constituir na tendência dominante até o início dos anos 1980.

Como resultado do empenho de Oduvaldo Vianna Filho, Paulo Pontes e outros, em 1969 será fundada a Acet – Associação Carioca de Empresários Teatrais –, que em 1972 incentivará a criação de sua congênere paulista – a Apetesp. Por iniciativa da primeira, em 1973 os produtores começam a desenvolver um importante processo de contatos com o então ministro da Educação, o coronel Jarbas Passarinho, em busca de verbas. Um dos mais visíveis frutos desses contatos será a nomeação, pelo ministro seguinte, Ney

---

1 Dias Gomes respondendo a perguntas de Ferreira Gullar e Moacyr Félix, *Encontros com a Civilização Brasileira*, p.133. Durante esses anos, o dramaturgo escreveu as seguintes novelas, sempre para a Rede Globo: *Verão vermelho* (1970), *Assim na terra como no céu* (1971), *Bandeira 2* (1972), *O bem-amado* (1973), *O espigão* (1974), *Roque santeiro* (1975, vetada pela censura) e *Saramandaia* (1976). Ainda em 1978 escreveria *Sinal de alerta* e, a partir de 1979, o seriado *O bem-amado* (cf. Campedelli, op. cit.).

O filho pródigo

Braga, de Orlando Miranda para o cargo de chefe do SNT, que nele permanecerá até 1981. Orlando Miranda, diga-se de passagem, era o presidente da Acet em 1973. Seu vice era Paulo Pontes.

Com a aprovação, em 1975, já no governo Geisel, da primeira *Política Nacional de Cultura*, os empresários teatrais começam a contar com um decisivo apoio governamental ao teatro, sobretudo na forma de subsídios, mas também através de outras providências de alcance mais amplo, tais como campanhas de popularização, reformas de casas de espetáculo e assim por diante. Essa mudança na situação foi assim descrita por José Arrabal em sua avaliação dos anos 1970:

> Um balanço mais imediato dos últimos anos nos remete à conclusão de que agora o Estado, com suas características de classe definidas, conforme o modelo que o regime militar implanta, é o mediador hegemônico da produção teatral, com um programa de ação organizado sob perspectivas de considerável operacionalidade, o que conta com o apoio dos empresários de espetáculos.[2]

É o mesmo José Arrabal que observa o aparente paradoxo do período: nunca o terror cultural foi tão disseminado ao mesmo tempo que, graças à mediação do mesmo Estado terrorista, a empresa teatral inflacionava custos de produção, preços de ingressos e promovia espetáculos grandiosos, musicais de todas as colorações, numa palavra, "organizava o supermercado".[3]

---

2 Arrabal, Anos 70: momentos decisivos da arrancada. In: Arrabal et al., *Anos 70: Teatro*, p.7. Essas questões são também tratadas com muito mais detalhes por Edelcio Mostaço. Cf. Mostaço, O teatro e a política cultural do governo. In: *O espetáculo autoritário*, p.13-25, e Id., *Teatro e política:* Arena, Oficina e Opinião, cap. 12.

3 Cf. Arrabal, op. cit., p.33-4.

143

Foi nesse quadro, espetacularmente combinado com uma espécie de "renascimento" do teatro "político", que três espetáculos entraram para a história: *Gota d'água* (estreou em dezembro de 1975); *O último carro*, de João das Neves (1976); e *Ponto de partida*, de Guarnieri (1976) (assim como a primeira tentativa de montagem de *Calabar*, de Chico Buarque e Ruy Guerra, em 1973, entrou para a longa história do terror cultural). *Gota d'água* porque, entre outros motivos, repõe em nossos palcos o assunto da especulação imobiliária, além de girar fundamentalmente em torno do tema da cooptação pela classe dominante daqueles que se sobressaem entre os dominados; *O último carro* por tematizar a falta de rumos do país e *Ponto de partida* por recolocar a possibilidade de discutir temas presentes (a morte de Herzog) através de parábola.

Animado por esses bons ventos, em 1977 Dias Gomes escreve *As primícias*, procurando avançar nas questões recolocadas por esses espetáculos. Sem fazer referência a eles e sobretudo à parábola, a ideia dessa peça ficaria totalmente incompreensível. Afinal, que interesse poderiam ter as confusões enfrentadas por um casal de noivos que, num feudo qualquer da Europa ou na América Latina, "entre os séculos VI e XX", resolvem rebelar-se contra o *jus primae noctis*? Com esse material, que já tem alguma tradição no teatro acidental (vide Beaumarchais e Lope de Vega), Dias Gomes pretende retomar nada menos que a discussão sobre a aliança de classes, e a tese de *As primícias* é óbvia: ainda que a intromissão do senhor nas alianças (casamentos) dos servos, propositalmente descrita como estupro da noiva, seja reconhecida como um direito, é possível rebelar-se, mesmo contrariando o conselho da Igreja e dos mais velhos, porta-vozes do bom senso que a experiência recomenda.

Os jovens Lua e Mara não apenas se rebelam como ainda são bem-sucedidos em sua empreitada: quando tudo parecia perdido e a recém-casada estava entregue à voracidade sexual do proprietário, encontra sua faca e o mata. Surpreendentemente, o crime

O filho pródigo

é descoberto pela senhora, que decide acobertá-lo e recomenda a Mara que vá procurar seu marido, pois este se encontra desatinado, gritando pelas colinas. Dias Gomes descreve assim a cena final:

> Mara fica um instante indecisa, depois sai correndo. A SENHORA se volta para o corpo do PROPRIETÁRIO, seu olhar é frio, mas em seus lábios há um quase-sorriso de libertação. Ela avança até a boca de cena e anuncia, dirigindo-se à plateia: Minhas senhoras e senhores, cabe a mim participar que o nosso bem-amado Proprietário está morto. Tombou em ação heroica, cumprindo o seu dever, vitimado por seu zelo no exercício do poder.[4]

Como se vê, mesmo tematizando diretamente a violência contra os oprimidos que caracteriza a aliança de classes, não foi dessa vez que Dias Gomes logrou realizar sua crítica. A aliança saiu por uma porta e entrou por outra: a promiscuidade rejeitada pelos jovens recém-casados transformou-se em cobertura de um crime, imediatamente esvaziado de seu conteúdo, o que não deixa de ter sua dose de verdade, se tais gestos forem referidos à experiência política então recente (sequestros de embaixadores, por exemplo). A alegoria do feudalismo criada por Dias Gomes acaba dando razão à nova proposta de aliança que já está sendo posta em prática: dados os extremos de violência a que conduziu a velha aliança, setores jovens radicalizaram a rejeição aos direitos que ela criava, a ponto de levar às últimas consequências sua radicalização inconsequente que, se teve êxito momentâneo, não chegou a alterar o quadro geral. Essa ação, entretanto, teve o importante efeito de mostrar aos beneficiários daquela violência, em primeiro lugar, que eles também eram suas vítimas e, em segundo lugar, que, para prosseguir, a dominação teria de se "civilizar", abolindo certos

---

4 Dias Gomes, *As primícias*, p.99-100.

"direitos excessivos". E como esse pacto civilizado (e implícito) se realizou entre Mara e a Senhora, pode-se afirmar que, com uma tentativa de heroicização das mulheres, em *As primícias* Dias Gomes acabou mostrando também que o projeto feminista (então na ordem do dia) resulta justamente nessa aliança mais civilizada.

Não se poderia, é claro, dizer que a organização desse conteúdo está errada, na medida em que ela apenas corresponde, como sempre acontece nas peças de Dias Gomes, a uma nítida opção política. Mas, para além do que o dramaturgo pretendeu, expressa com igual nitidez os limites dessa opção, pois mesmo fazendo a crítica de sua diretriz fundamental, acaba repondo-a mais adiante.

Uma vez que a peça permaneceu inédita em nossos palcos, o único crítico a manifestar-se a seu respeito foi Yan Michalski, numa resenha extremamente severa. Para o crítico, a peça é substancialmente frustrada, mas essa conclusão é resultado, por exemplo, da transformação de algumas de suas qualidades em defeitos. Um exemplo de tais qualidades é a tolice e a ingenuidade de alguns de seus personagens, sobretudo os rebeldes Lua e Mara. Não são defeitos da peça, porque essas características são consequência necessária e bem pensada da maneira como Dias Gomes organizou seu conteúdo: são personagens inspirados nos rebeldes sem futuro do pós-AI-5, e Dias Gomes já escreve quando a história mostrou que eles não tinham mesmo futuro.

Mas há um ponto (entre outros) em que Yan Michalski acerta e talvez explique a razão principal de a peça não ter sido encenada. Trata-se da questão essencialmente técnica posta pela tentativa de trabalhar com a parábola. Segundo Yan Michalski,

> pela sua própria natureza, a parábola pressupõe uma forma essencialmente poética, embora o efeito visado, em última análise, seja o realismo, na acepção mais alta, brechtiana, da palavra. [...] A peça toda tenta empostar-se dentro da convenção poética. Mas o sopro

O *filho pródigo*

literário do autor não se mostra suficiente para sustentar convincentemente essa convenção [...] em muitas falas não consegue evitar o clichê.[5]

É nítida a inspiração desta peça na linguagem poética do Garcia Lorca de *Bodas de sangue*. Mas em função dos descompassos entre a contemporaneidade do conteúdo (extremamente complexo) e a aparente simplicidade da forma (que poetas como Garcia Lorca obtêm com trabalho árduo), essa inspiração conduziu o dramaturgo à armadilha da crença na ideia de que uma "forma vazia" pode ser preenchida de qualquer maneira. O resultado é a proliferação do clichê. Uma comparação entre *Gota d'água* e *As primícias* poderia mostrar que o problema não é de inspiração, pois *Gota d'água* se inspira indiretamente em *Medeia*, de Eurípides, e diretamente na adaptação dessa tragédia feita por Oduvaldo Vianna Filho para a televisão. O problema é de *trabalho poético*, que faltou em *As primícias*.

2. *O Rei de Ramos*

Para escrever a novela *Bandeira 2*, Dias Gomes desenvolveu em nova chave os personagens do bicheiro Tucão e da porta-bandeira de sua peça *Dr. Getúlio*. Agora, Tucão (Artur do Amor Divino) disputa com outro bicheiro, Jovelino Sabonete, zonas de jogo do bicho e Noeli, a porta-bandeira que também era motorista de táxi (daí o nome da novela). Além das muitas outras tramas cujo entrecruzamento produz o interesse de qualquer novela da TV, destaca-se ainda a retomada do romance entre Romeu e Julieta através dos personagens dos filhos dos bicheiros em guerra que se apaixonam: Márcio e Thaís. A novela, de grande sucesso, foi

---

5 Michalski, *As primícias* (resenha crítica), *Encontros com a Civilização Brasileira*, n.1, p.30.

ao ar entre o final de 1971 e meados de 1972. Esses dois motivos constituirão a matéria básica do musical *O Rei de Ramos*, escrito entre 1975 e 1978 por Dias Gomes, com a colaboração posterior de Chico Buarque e Francis Hime, no qual Tucão transforma-se em Mirandão (desempenhado no teatro pelo mesmo Paulo Gracindo) e Sabonete torna-se Brilhantina (com o mesmo Felipe Carone). Thaís continua com o mesmo nome e Márcio torna-se Marco.

Por sua característica fundamental, *O Rei de Ramos* exige altíssimos investimentos de produção: são dezessete personagens, quase o mesmo tanto de bailarinos, há a exigência de músicos, sem falar em cenografia, figurinos, coreografia etc. Sérgio Brito assumiu a produção do espetáculo, mas o dinheiro saiu dos cofres do governo estadual, através da Funterj, que lhe destinou 2,4 milhões de cruzeiros da época (1979), detalhe que provocou várias reações da imprensa.[6]

Como para confirmar as observações de José Arrabal e Edelcio Mostaço, a estreia de *O Rei de Ramos* também serviu para marcar em alto estilo a reinauguração do Teatro João Caetano, obra que ilustra bem os rumos do apoio governamental às artes. Classificando--a como "um monumento ao Desperdício Impune no deserto da miséria urbana", Armindo Blanco registra os reais beneficiários da restauração do teatro: "A Construtora Wrobel que, forrada por Herr Bloch em dinheiro do povo, deve achar que o lugar do dito povo é na calçada, espiando de longe o formigar das elegâncias através dos vidros fumê do saguão".[7]

Nos bons tempos de *A invasão*, Dias Gomes examinava problemas reais das classes desfavorecidas; com *O Rei de Ramos*, estas são

---

6 A mais sóbria foi do colunista social Zózimo Barroso do Amaral (cf. O canto do cisne, *Jornal do Brasil*, 22 jan. 1979) e a mais escandalizada foi de Armindo Blanco (cf. Tiradentes on Ice, *O Pasquim*, 5 a 12 abr. 1979).

7 Blanco, op. cit.

O filho pródigo

configuradas como pano de fundo para problemas de seus exploradores; problemas tão importantes como a definição dos territórios dos banqueiros de bicho, o direito de seus descendentes se apaixonaram pelos filhos do inimigo e, principalmente, a necessidade de união da livre-empresa para enfrentar o perigo da desleal concorrência do Estado, representada pela Zooteca.

Depois de termos assistido em *Dr. Getúlio, sua vida e sua glória*, à maneira brasileira de neutralização do teatro épico, não haveria motivo para surpresas se constatássemos, em *O Rei de Ramos*, não apenas a presença dos elementos épicos tecnicamente bastante desenvolvidos, como ainda, e sobretudo, a transformação de uma técnica do distanciamento em seu exato contrário. Como se sabe, o *flashback* é um recurso que no teatro épico tem basicamente a função de eliminar o suspense e eventuais surpresas para o público (na obra do próprio Dias Gomes, *O santo inquérito* é um exemplo: a primeira informação que o espectador recebe é a de que Branca Dias foi condenada à fogueira); pois em *O Rei de Ramos* aparentemente temos o mesmo procedimento: seu primeiro quadro traz a informação *falsa* de que Mirandão foi assassinado e Pedroca, assumindo a função do narrador, promete contar a história do bicheiro, o Rei de Ramos, cujo triste fim toda a cidade chora. Segue-se a história da guerra entre os bicheiros e, ao final, ficamos sabendo que a "morte" de Mirandão fora sua saída para escapar à polícia. Em poucas palavras: o dramaturgo forneceu ao público uma falsa informação que se modifica para resultar num *happy ending*. Estamos, portanto, diante da paródia do teatro épico. E, muito provavelmente, paródia inconsciente.

Segundo inúmeras declarações do autor,[8] uma de suas intenções foi reatar com o teatro musical, tradição importante do início do

---

8 Inúmeras é modo de dizer. Trata-se de repetição insistente das informações apresentadas no prefácio e na introdução (cujo título é "O Rei

século, que se diluiu no teatro de revista mais inspirado no modelo hollywoodiano e acabou se perdendo. Essa intenção é bem realizada, pois o espetáculo combina com bastante senso técnico canto, dança, declaração e narrativa. Na qualidade de quase-roteiro de um espetáculo musical, *O Rei de Ramos* é um texto extremamente ágil, apresenta cortes de definição de espaço, lança mão sobretudo da iluminação, que, ao mesmo tempo, dá conta da simultaneidade. Em momento nenhum o texto cai no detalhe naturalista, seja por diálogos, seja pela cenografia solicitada.

Acompanhemos, entretanto, a divertida história da guerra de vida ou morte que se travou entre os maiores bicheiros do Brasil. O choque teve início quando Brilhantina abriu um ponto na zona de Mirandão, desrespeitando um pacto antigo, assim explicado ao público pelo próprio Mirandão:

> A zona do Brilhantina é Leme e Copacabana. Isso foi acertado há vinte anos entre os cinco grandes. Eu, Anacleto, Deixa-que-eu--chuto, Salvador e esse cachorro mesmo do Brilhantina. Isso já faz parte da História do Brasil. Eu fiquei com Ramos e todos os subúrbios da Leopoldina. Aqui, eu sou rei. (p.25)

Deflagrada a guerra, somos apresentados à história de Romeu e Julieta à brasileira: na quadra da escola de samba, comemora-se o aniversário de Thaís, e Marco, recém-chegado da Europa com diploma em Economia, é levado por um primo à festa, onde a conhece, e ambos se apaixonam imediatamente.

Após um encontro belicoso, os dois bicheiros, feridos, vão parar no hospital. Mirandão recebe visita do Delegado, que lhe comunica a existência de um mandato de prisão contra ele, pois as autoridades

---

de Ramos") da edição da peça. Cf. Dias Gomes, *O Rei de Ramos*, p.11-13. Estamos em pleno terreno da propaganda.

O filho pródigo

resolveram "limpar a região" para implantar a Zooteca. A mesma notícia chega a Brilhantina através de seu advogado. Ambos fogem do hospital para tomar providências. A primeira é transformar em problema nacional o que consideram intervenção do Estado na iniciativa privada. A outra notícia que transtorna esses inimigos é o namoro de seus filhos e, para indicar que não estamos mais nos tempos de Shakespeare, tanto Thaís quanto Marco enfrentam os pais. O rapaz declara com muita tranquilidade: "Eu não vou receber como herança os inimigos que você fez. Quero ter o direito de fazer os meus. Certo?" (p.87). Mas a primeira providência do jovem casal é fugir, o que determina às duas quadrilhas a tarefa extra de procurá-lo, além de dar continuidade à guerra.

Uma tentativa de acordo negociado (união nacional) não vinga porque Brilhantina se recusa a devolver os territórios que conquistou. Enquanto isso, Marco expõe a Thaís a saída para todos: "A gente entra na deles e eles entram na nossa. A gente não tem outra saída, nem eles. Por isso a nossa história vai terminar bem" (p.111).

Mas a solução para o inimigo é, por assim dizer, milagrosa: Brilhantina, que num dos tiroteios tomara um tiro na cabeça, volta ao hospital, é submetido a uma cirurgia e, quando tem alta, está louco, converteu-se à religião. Entre outras providências, manda fechar os pontos que abriu na zona de Mirandão – exigência deste para a consumação do pacto.

Assumindo os negócios do pai, Marco vai a Mirandão com a proposta de criação de um "cartel zoológico". Aceitada a proposta, resta resolver o problema da ordem de prisão para Mirandão: o artifício já conhecemos (encena-se sua morte) e a solução é a ida do bicheiro para Nova York, de onde comandará a multinacional do bicho: *International Animal Game Corporation*. Encena-se sua morte, é esclarecido o plano e tudo termina em samba de confraternização geral.

O reatamento com nosso teatro musical (Artur Azevedo é a referência explícita de Flávio Rangel no Prefácio da peça) deu-se particularmente através da paródia de Shakespeare: o autor mostra que seus personagens conhecem seus antepassados e vai corrigir o final da história. Apesar do empobrecedor recurso à loucura de Brilhantina (obviamente para apressar o desfecho, detalhe que indica uma preocupação excessiva com o *"timing"*), são os descendentes dos personagens da Shakespeare que organizam as soluções relativas ao pacto. E eis-nos outra vez diante do velho assunto do dramaturgo. É certo que ligeiramente inspirado em motivos brechtianos, como os de *Mahagonny* e *Na selva das cidades*, em que foras da lei assumem o primeiro plano. Mas nessa abreugrafia à brasileira do capitalismo, ao tematizar a aliança (dessa vez apenas entre iguais: sem dúvida, um avanço) recorrendo aos protagonistas da contravenção, Dias Gomes se recusa a enfrentar o verdadeiro papel do Estado, na própria viabilização local dos empreendimentos capitalistas. Apresentando uma bem-sucedida aliança realizada contra o Estado, visto sobretudo como concorrente e apenas de passagem como aliado (a "ambígua" relação dos bicheiros com a polícia), o dramaturgo repete o procedimento já visto em *Dr. Getúlio*: vê o jogo do bicho e o Estado pela ótica dos próprios bicheiros e por meio da curiosa ideologia liberal que prospera no Brasil. Operação tanto mais interessante quando o próprio teatro como livre-iniciativa vive um período de extrema dependência do governo estabelecido – dependência esta resultante de outra aliança (entre artistas e empresários). Mas aqui, ao contrário da dos bicheiros (e de seus descendentes, ou seja, a nova geração), a aliança foi feita para procurar o apoio do Estado, o qual, nesse caso, não foi visto como concorrente e muito menos como adversário.

Confirmando o tino comercial de seus produtores, *O Rei de Ramos* foi um dos maiores sucessos de público do ano (mais de duzentas representações).

O filho pródigo

3. Campeões do mundo

Segundo Dias Gomes, *Campeões do mundo*

nasceu da necessidade pessoal de fazer e propor uma reflexão sobre as duas últimas décadas de nossa história. Foi escrita em 1979, mas já estava na minha cabeça, como proposta, dois ou três anos antes. Eu achava, porém, que não adiantava escrevê-la porque a censura não permitiria que ela fosse levada à cena. Em 1979, com a mal chamada "abertura", percebi que era o momento de fazê-la.[9]

"A peça", continua o dramaturgo na mesma entrevista,

se baseia em pesquisas, em depoimentos que eu recolhi. A maior parte dos livros de memórias sobre aquele período foi publicada depois, mas eu li tudo o que se podia ler a respeito na imprensa, em 1979. Evidentemente, há também uma contribuição de minha história política, de trinta anos de militância.

Sintomaticamente, a promessa de uma espécie de "balanço" das "duas últimas décadas", conforme foram vividas pela esquerda, na nota à edição da peça limitou-se a uma

reflexão sobre um comportamento político do qual o sequestro de personalidades, a ação espetacular, foi apenas um aspecto – bastante ilustrativo, sem dúvida – e por isso tomado aqui como síntese de uma visão histórica. É esse comportamento político como um todo, principalmente suas causas e seus efeitos, mais do que o grande gesto em si, que procuramos iluminar.[10]

---

9 Arantes, Dias Gomes põe pra fora seus demônios, *Movimento*, 20 a 26 jul. 1981.

10 Dias Gomes, Nota do autor, *Campeões do mundo*, p.xxvi.

153

As opções dramáticas (e consequentemente cênicas) de Dias Gomes mostram, entretanto, se não a realização do exato contrário daquelas intenções, pelo menos um sensível deslizamento entre o pretendido e o realizado. Aliás, a notícia de que o sequestro (por ele apresentado como *ação espetacular*), por ser ilustrativo, foi tomado *em si mesmo* como síntese de uma visão histórica, já é uma indicação do tipo de opção feita pelo dramaturgo: a recolocação da *ação dramática* no centro da peça e todas as suas consequências estéticas, políticas e ideológicas.[11]

---

11 Não havendo a necessidade de recapitular os critérios apresentados na introdução e reiterados ao longo das demais análises, seria em todo caso interessante lembrar um aspecto importante da trajetória de Brecht: o dramaturgo alemão, na teoria e na prática, após a capitulação ao stalinismo, também reabilitou a *ação dramática*. Sem perceber nisso um retrocesso artístico, Antônio Mercado (diretor de *Campeões do mundo* e respeitado teatrólogo da nova geração) aponta esse traço fundamental da peça como seu maior mérito: "Dias Gomes – como autêntico homem de teatro – *preferiu* sempre *que a ação dramática falasse por si* e suscitasse os problemas a serem posteriormente tomados como objeto de reflexão pelo leitor ou espectador. Opção corretíssima, de vez que o elemento fundante do fenômeno teatral – *a ação dramática* – jamais poderá ser substituído pelo elemento constituinte da literatura (a palavra), que é arte de natureza inteiramente diversa". Mais adiante, continua o diretor, fazendo um prognóstico otimista (sombrio, para dizer o mínimo, segundo a perspectiva deste trabalho): "Esta opção dramatúrgica parece indicar que o teatro brasileiro tenderá a privilegiar a *ação dramática* como base da significação no fenômeno cênico" (Mercado, Prefácio, *Campeões do mundo*, p.xiii-xiv). Antonio Mercado sabe do que está falando. Tanto que antecipa e desqualifica as críticas daqueles que considera "saudosistas" e simpatizantes do "velho" teatro político, sempre em nome do progresso em direção a uma obra *aberta* propiciado pela "prevalência da ação dramática". Como, entretanto, isso não significa renunciar às conquistas formais do teatro épico (nisso acompanhando Brecht), o diretor tem o cuidado de enumerar os elementos de natureza épica presentes na peça. Isso

O filho pródigo

Como ensinam as teorias de *playwriting*, todo drama deve ter como eixo uma ação, que pode ser resumida em poucas linhas, e seu desenvolvimento deve ter o cuidado de prender a atenção do público através do suspense. Os bons romances policiais[12] realizam com muita habilidade essa exigência, e assim também *Campeões do mundo*: anistiado, Ribamar é recebido com festa no aeroporto onde se encontra com Tânia, sua companheira numa ação de sequestro. Os outros participantes do grupo morreram. Em falso *flashback*, acompanhamos os momentos decisivos daquela "ação espetacular": no aparelho, Velho e Riba esperam a chegada dos companheiros com o embaixador americano. Com sua chegada, as próximas etapas são as seguintes: colocar as mensagens com as exigências dos sequestradores ao governo; pela televisão, o governo comunica estar disposto a negociar e é elaborada a relação dos prisioneiros que devem ser postos em liberdade; com a demora da resposta, o clima de Copa do Mundo e o cerco policial que se faz ao aparelho, os ânimos se acirram. É preciso decidir se o embaixador deve ser executado em caso de fracasso e quem deve realizar a

demonstraria que Dias Gomes, a seu modo, acompanhou a evolução do dramaturgo alemão: "Obra de maturidade, é ao Brecht mais maduro que *Campeões do mundo* mais se avizinha — ao de *Galileu*, *Alma boa* e *Mãe Coragem*, que se propunha mais a interrogar do que a responder, e nos quais há um sensível equilíbrio entre as exigências da tensão dramática e a estrutura épica" (p.xix). Os excertos anteriores (grifos nossos) são suficientes para indicar que nossas análises encontram-se nos antípodas da de Antônio Mercado, razão pela qual, mesmo sem lhe fazer referência direta, em alguma medida este seu prefácio terá respostas ao menos para as questões mais relevantes.

12 Uma curiosidade: em sua crítica, bastante elogiosa, aliás, o arguto crítico Sábato Magaldi, entre outros méritos de *Campeões do mundo*, aponta o uso da técnica do suspense e do relaxamento e o detalhe de que "um clima de bom policial sustenta a continuidade da trama" (cf. Magaldi, *O drama e a ironia destes campeões do mundo*, *Jornal da Tarde*, 29 nov. 1980).

155

tarefa, o que acaba sendo decidido por sorteio. Aos sons dos helicópteros e das sirenes da polícia, chega a se esboçar algum pânico, quebrado pela notícia do embarque dos prisioneiros na televisão. Como já sabemos que Riba e Tânia são os únicos sobreviventes, a cena final mostra simultaneamente o fim dos demais personagens: Velho é metralhado na rua, Carlão morre na tortura e o embaixador faz declarações anticomunistas na TV. Aos sobreviventes resta o trabalho de autocrítica que, mais ou menos, foi delineado na armação do espetáculo.

Dias Gomes optou conscientemente pela forma do drama, mostrando-se coerente com suas intenções não assumidas. A primeira rubrica faz a seguinte exigência: "apenas um cenário é fixo e deve ocupar dois *planos centrais*, o primeiro deles *ao nível do palco*"[13] — trata-se do aparelho clandestino onde se desenvolve a ação em clima de suspense, o que já diz *tudo* sobre a alegada intenção de não discutir o sequestro *em si*. Mas na medida em que ao mesmo tempo pretende discutir a "ação espetacular" (e apenas ela, não um *processo histórico*), previamente enquadrada no âmbito das opções da pequena burguesia radicalizada dos anos 1960 (o que é apenas *um terço* da verdade histórica), Dias Gomes precisa lançar mão de um recurso épico dos mais caros à dramaturgia americana no pós-guerra — o *flashback* destinado a realizar cenicamente um sucedâneo da retrospecção psicanalítica: trata-se de dar ao público os motivos psicológicos (e, além destes, os mais deploravelmente ideológicos) que conduziram seus personagens à situação em que os acompanhamos.

Nisso também mostrando um grande senso didático e de *timing* (no sentido de não deixar o suspense da ação se perder, o que destruiria o apelo dramático da peça), Dias Gomes distribui seus *flashes* (*back* e *forward*, pois os acontecimentos de 1979 fazem parte de seu

---

13 Dias Gomes, *Campeões do mundo*, p.xxx. Grifos nossos.

O filho pródigo

epílogo, no sentido forte da construção) com extrema competência e tendo o cuidado de estabelecer desde o primeiro uma convenção (a iluminação fecha sobre o personagem que "recordará" sua motivação para o sequestro). *Cena 3*: Velho discute com um Dirigente do PC. Este se limita a repetir os clichês da recusa ao foquismo contrapondo-lhe a frente democrática e antifascista. Velho assume seu voluntarismo sem argumentar politicamente: "Estou ficando velho e quero fazer a revolução eu mesmo, e agora, não quero deixar para meus netos" (p. 14); *Cena 6*: Tânia foi presa e torturada; *Cena 8*: Tânia recebe a visita do pai na prisão e "entende" que só com a luta armada é possível enfrentar a ditadura (trata-se de estudante que *ainda* não fizera a opção pelo terrorismo: a tortura teve peso fundamental em sua decisão); *Cena 13*: na agitação estudantil do pós-64, Tânia se desentende com os pais por razões políticas e morais (sua família, evidentemente, não aceita a liberdade sexual); *Cena 18*: Carlão, numa enfermaria, está nu e desmaiado, não tinha nada a informar aos torturadores. O inquiridor dá sua ficha: estudante universitário, trabalhava na Petrobras, filho de operários. (Leia-se: assim como Tânia, foi empurrado para a luta armada pela própria repressão); *Cena 20*: Não um *flash-back*, mas simultaneidade: enquanto o país comemora o tricampeonato, em várias salas há pessoas sendo torturadas; *Cena 23*: Tânia ouve pelo rádio as notícias relativas ao golpe de 1964. Tem uma discussão com o pai; *Cena 25*: Ribamar e Tânia lembram-se de como aderiram à luta armada. Ribamar demitiu-se da agência de publicidade onde trabalhava, fez uma "opção"; Tânia abandona a família porque todas as formas de luta (com exceção da armada) estão inviabilizadas. Ribamar adere à "última" passeata ao som de *Caminhando*, de Geraldo Vandré.

O conjunto dos *flashes-forward* – tematicamente justificados, pois apenas Ribamar e Tânia sobreviveram ao sequestro – completa o caráter restrito da reflexão sobre a "ação (dramática) espetacular".

Cena 1: Chegada de Ribamar anistiado e, como sintoma da "neutralidade" do dramaturgo, sua festa é atropelada pela torcida do Flamengo, que também desembarcou. *Cena 14*: No apartamento de Tânia, Ribamar chega à importante conclusão de que a revolução não depende dele. *Cena 21* (cf. transição da *Cena 20*): Da conversa entre os dois surge a informação de que a luta armada teve sua derrota final no Araguaia. *Cena 27*: Tânia ainda não fez autocrítica, nem acha que seja hora de fazer, embora também não saiba o que fará. Admite que sempre se questionou, mas ainda acredita nas mesmas coisas. Já Ribamar passou por um processo completo de autocrítica: desconfia inclusive de que a luta armada deve ter "atrasado o processo". *Cena 29* (após o pronunciamento do embaixador em 1970): Tânia deve ir a uma reunião não especificada para a qual convida Ribamar. Este acredita que talvez aceite ir a uma próxima. Seu consolo é que em 1970, pelo menos, o Brasil era campeão do mundo.

Essa é, no essencial, a matéria que o dramaturgo ofereceu para seu público: um militante do PC que rompeu com sua política não por divergências de peso, mas por mero voluntarismo; uma jovem burguesa que rompeu com a família e, ativista do movimento estudantil, assim como o rapaz descendente de operários, foi empurrada pela repressão para a luta armada; e um publicitário, também rompido com o PC, que em 1968 (como Gabeira) fez uma opção *existencial* pelo ativismo. Esse conjunto de pessoas, por razões que permanecem obscuras, acaba fazendo parte da mesma organização terrorista que leva a efeito um sequestro bem-sucedido.

É verdade que o dramaturgo, sempre recorrendo à sua indiscutível habilidade técnica, "situa" historicamente seus personagens, bem como sua ação conjunta. Mas, ao contrário do que costumava ocorrer em peças do teatro épico, os acontecimentos históricos e as questões políticas são sugeridos, referidos, mencionados, insinuados: nunca ocupam o primeiro plano, não passam de pano de

O filho pródigo

fundo ou referência devidamente filtrada pelos personagens. Uma curiosidade nessa aplicação do método é que as informações propriamente históricas (como a Segurança Nacional, o CPC, as razões do golpe) sejam trazidas por Müller, o pai de Tânia, digno representante da burguesia que apoiou o golpe.

No capítulo dos filtros a que são submetidos os acontecimentos, merece destaque o *sentido* atribuído ao sequestro. Se no plano dramático, por um critério *verista*, o dramaturgo pode se eximir da necessidade de fazer seus personagens discutirem politicamente o sequestro (e inseri-lo no contexto, como se dizia) porque seria no mínimo escandaloso reunir sequestradores que não tivessem boas razões políticas (mesmo equivocadas) para participar daquela ação (embora não houvesse impedimento de nenhuma ordem para o acréscimo de um ou dois *flashes* que apresentassem pelo menos a decisão política e seu planejamento), no plano ideológico Dias Gomes não teve nenhuma dúvida, o que mostra sua perfeita parcialidade. A única ocasião em que o sequestro foi qualificado deu-se na *Cena 2*. O rádio noticia o jogo Brasil x Itália para o dia seguinte (21 de junho de 1970). Velho e Riba mal se conhecem, o que "justifica" a necessidade de Riba se apresentar: foi do Comitê Cultural do Partidão, rachou em 1968, quando houve a invasão da Tchecoslováquia, já participou de duas expropriações de bancos. Diz-se eufórico por estar participando do sequestro:

> Não sei se você me entende... Porra, bicho, vai ser um gesto histórico. Já pensou quando a notícia explodir? Nas manchetes, no rádio, na televisão. Puta que pariu, vai sacudir o mundo. Eu sei, você sabe... *antes da coisa acontecer*. Isso é que me deixa nessa euforia, nesse barato. É como se eu soubesse por antecipação o curso da História.[14]

---

14 Ibid., p.10. Grifos do autor.

Essa visão voluntarista não poderia mesmo ser questionada pelo Velho, ele próprio caracterizado na cena seguinte como voluntarista. Mas o caráter de "campanha de publicidade" que o sequestro recebe (opinião do autor, que a ele se refere como "ação espetacular") poderia ter sido questionado politicamente pelo Velho. Como isso não aconteceu em momento algum, pode-se inferir que os materiais foram reunidos para demonstrar a opinião do autor.

No plano da *ação dramática* propriamente dita, é também predeterminada a organização da matéria. Dias Gomes explica em entrevistas que fundiu o sequestro com a Copa do Mundo para ressaltar a distância que havia entre o "povo" e os terroristas.[15] Se fosse só essa a razão da presença do futebol na peça, haveria que simplesmente respeitar sua liberdade artística, apesar de seu gosto duvidoso e de sua curiosa semelhança com os critérios utilizados, à época, pela própria ditadura, cuja tentativa de capitalizar a euforia com o tricampeonato tinha esse mesmo objetivo político. Mas o futebol em *Campeões do mundo* desempenha mais duas funções importantes. A primeira, mostrada no início da peça, é a de reafirmar seu caráter alienante (nesse caso, até os ativistas da luta pela anistia abandonaram o "herói" para saudar o Flamengo) e a segunda, mais grave, é a de dar destaque à "personalidade autoritária" de um dos sequestradores. Na *Cena 7*, ao comentar o clima de final da Copa do Mundo, com "todo mundo grudado na televisão", Carlão tem uma crise que diz *tudo* sobre as razões de sua participação na luta:

---

15 Durante muito tempo prevaleceu entre as esquerdas a ideia de que a palavra terrorista era criação da polícia e da imprensa com ela comprometida para assustar e indispor a população contra os revolucionários. Hoje, que já são de conhecimento público os documentos mais importantes escritos por Marighela, não é mais necessário preservar este mito: Marighela usava mesmo o termo terrorismo.

O filho pródigo

A gente sequestra o embaixador americano, faz o mundo inteiro se voltar para esta bosta de país e o país, 90 milhões de pessoas grudadas nos rádios e nas televisões, acompanhando o futebol! Porra! Será que esse povo merece o que estamos fazendo por ele? Estou arriscando a minha vida por um povo alienado que só pensa em futebol! Puta que pariu![16]

No nível das operações artísticas do dramaturgo, é bom lembrar que a explosão é do operário que chegou a estudante universitário. E quem faz a defesa do povo e do futebol são Tânia e Riba, respectivamente burguesa e pequeno-burguês, o que provoca um pequeno bate-boca entre os dois homens, encerrado pela intervenção de Tânia:

> Parem com isso, porra! Se querem brigar, esperem um pouco e vão ter que brigar com a Polícia e com o Exército. Se querem mostrar valentia, mostrem na hora de levar porrada no DOPS e no DOI-CODI, que é isso que nos espera. Não sejam crianças. Desafiam o mundo e brigam por causa de futebol. Ridículo. (p.87)

Como se vê, o futebol nessa peça não foi apenas uma medida da economia. Foi um recurso de peso para dar destaque ao caráter tendente ao cômico do grupo. E não foi o único, diga-se. Há pouco ficou dito que nada impediria o dramaturgo de mostrar, por exemplo, a avaliação política que resultou na decisão de sequestrar o embaixador americano às vésperas da final da Copa do Mundo (por que não?). Nada, de um ponto de vista objetivo mas, do ponto de vista subjetivo, havia a necessidade de induzir o público a identificar o grupo com um exército de Brancaleone à brasileira. Por isso,

---

16 Dias Gomes, *Campeões do mundo*, p.86. Qualquer semelhança entre essa avaliação do povo e a de Alzirinha Vargas em *Dr. Getúlio* não terá sido mera coincidência.

na *Cena 4*, com dois pequenos incidentes, ilustram-se a imprevidência e o amadorismo da operação: primeiro, só depois de algum tempo da chegada do embaixador Carlão se lembra de examinar sua maleta, que poderia ter "algum aparelho de rádio ou radar, desses que localizam o sujeito";[17] no segundo, o embaixador comunica que sofre do coração e está sem seu remédio; quando Ribamar promete providenciá-lo, Carlão lembra que isso pode ser usado como pista para chegar a eles e Riba diz: "Você superestima a eficiência da nossa polícia".[18] Mais adiante, na *Cena 7*, é novamente Carlão que salva o grupo de uma situação das mais constrangedoras: "Me lembrei que não providenciamos comida. Esquecemos" (por isso ele comprou pizzas) (p.37). O mais grave porém ocorre na *Cena 24*, que mostra o grau extremo de despreparo do grupo: não contaram com as várias possibilidades de reação do governo, a começar pela simples negativa de negociação. Abertas as possibilidades com o sequestro consumado, revela-se até mesmo o despreparo emocional dos envolvidos.

Dados os aspectos até agora levantados, fica muito difícil concordar com a seguinte declaração de Dias Gomes:

> procurei, neste pequeno mural histórico, muito menos impor a minha visão particular da realidade do que fornecer elementos para que o espectador conclua e formalize a sua própria visão, fazendo seu próprio julgamento; tentei apenas levantar questões, debatê-las, sem ser conclusivo, mas fornecendo dados suficientes para uma conclusão

---

17 Tema comum às séries de TV americanas que nos anos 1960 apresentavam casos de espionagem internacional, como *O Agente da U.N.C.L.E.* (séria) e *O agente 86* (paródia genial que tinha Mel Brooks entre seus roteiristas).

18 Dias Gomes, op. cit., p.24. O desenvolvimento da ação mostrou que Carlão estava certo, pois eles foram localizados em função dessa pista.

O *filho pródigo*

que vai depender da consciência, do condicionamento e da formação da cada um.[19]

Se o objetivo fosse realmente criar um mural histórico, por pequeno que fosse, o autor teria tentado criar alguma forma de teatro épico — mas a própria evolução (rigorosamente, teríamos de falar em regressão) de sua obra dramática mostrava que isso dificilmente poderia acontecer. Se *Dr. Getúlio* já neutralizara a forma, *O Rei de Ramos* mostrava o nítido falseamento de pelo menos um recurso importante do teatro épico. De modo que a reabilitação do drama em *Campeões do mundo* não surpreende. Nem a subordinação dos recursos épicos às necessidades do drama. A surpresa decorre do grau de requinte a que se chegou num retrocesso como este: num caso em que o conteúdo, por sua própria natureza, exigia como único tratamento adequado o teatro épico. Questões políticas tão graves como o foquismo não se "esclarecem" por critérios psicológicos ou pela mera identificação sociológica das origens de seus adeptos. Ao evitar sua discussão política, que só o teatro épico possibilitaria, e ao transformar em matéria de *drama* uma experiência histórica daquela ordem, Dias Gomes completa uma evolução política que já se delineara: submete à ideologia dominante um conteúdo (o sequestro dramatizado) pronto para o consumo.

As considerações anteriores explicitam o lado oculto de uma declaração do autor na entrevista já citada:

> quando se trabalha no terreno do sistema se faz um trabalho politicamente positivo, porque se está ocupando um espaço e minando o sistema. Como você sabe, há duas maneiras de combater o sistema, de fora para dentro e de dentro do próprio sistema. De fora para dentro,

---

19 Ibid., p.xxvi.

é preciso que você tenha armas [...]. Se você não tem essas armas, só lhe resta uma solução: tomar as armas do sistema e cooperar com ele. É claro que o sistema não é bobo, não vai deixar você usar essas armas livremente, ou pelo menos na medida em que você desejaria.[20]

Dias Gomes esqueceu-se (como os terroristas que criou) de considerar outra hipótese, justamente a que se verificou nessa peça: aquela em que as armas de sistema são usadas *contra* a própria arte, de modo a desfigurá-la a ponto de torná-la não só inofensiva (ao sistema), mas também nociva para os consumidores.

---

20 Arantes, op. cit.

IV.
As vicissitudes da dramaturgia nacional-popular

A falência do teatro político da forma como tem sido tentado até hoje no Brasil é sem dúvida a sombra da falência da política revolucionária da forma como tem sido tentada até hoje no Brasil.

Fernando Peixoto

Ainda não foi escrita a história do teatro moderno no Brasil, assim como seu capítulo mais importante – o teatro político – está por ser escrito. Por razões históricas ainda insuficientemente examinadas, coube ao Partido Comunista Brasileiro a direção de sua corrente hegemônica, que desde o início se pautou pela militância em favor de um teatro nacional-popular.

As razões da utilização desse conceito híbrido por seus militantes ou simpatizantes, ao mesmo tempo que politicamente remontam à longa história do stalinismo e sua bandeira original do "socialismo num só país", passam, no caso específico do Brasil, pela acidentada história da elaboração de uma política de aliança de classes, na qual uma suposta burguesia nacional seria hegemônica.[1]

---

1 Em sua Declaração sobre a Política do PCB, de março de 1958, o Comitê Central, após descrever a existência e o potencial do movimento nacionalista daquele período, expõe a necessidade de impulsioná-lo

No quadro dessa política, que teve importantes avanços até 1964,[2] desenvolve-se, pela primeira vez em nossa história, um teatro abertamente político. A estreia e o sucesso de *Eles não usam black-tie* mostram a existência de condições objetivas para seu desenvolvimento no Brasil. E também seus limites, determinados pelo mercado, que justamente em função da política de aliança de classes não podiam (nem deviam) ser discutidos, pelo menos nesse primeiro momento. Ao contrário: o caminho aberto por *Black-tie* apontava na direção rigorosamente mercadológica. Tratava-se de ampliar o mercado e, sem risco de exagero, pode-se dizer que, dois anos depois, quando o próprio TBC – até então trincheira mais importante do teatro "apolítico" – encenou *O pagador de promessas*, a proposta do teatro nacional-popular era hegemônica nesse âmbito.

Estávamos em 1960 e a luta de classes no Brasil ia se acirrando. Um estudo do conjunto da dramaturgia produzida no período 1958-64, do qual a obra de Dias Gomes participa, há de mostrar que, independentemente dos limites impostos pelo mercado e pela orientação política direta ou indiretamente seguida pelos artistas, a própria tentativa de dar expressão dramatúrgica à experiência social e política que então se vivia era fator de amadurecimento artístico. Por outro lado, o peso dos limites se revela nos

---

sem disputar sua direção: "Os comunistas devem ser um fator por excelência unitário dentro da frente única democrática e nacionalista. Por isso, não condicionam sua permanência na frente única à total aceitação de suas opiniões" (cf. Carone, *O PCB*, v.2, p.186). Essa participação, em tais condições, no movimento nacionalista foi chamada, como já vimos, de "reboquismo", em 1965, pelos membros da direção que foram expulsos em 1967.

2 Os avanços reais, muito mais consequência dos avanços do próprio processo social (que evidentemente não dependia dos programas desse partido) foram, como era de se esperar, caracterizados como "desvio esquerdista" pelo Congresso de 1967.

As vicissitudes da dramaturgia nacional-popular

avanços e recuos que podem ser observados às vezes na produção de um mesmo dramaturgo, caso particularmente visível de Dias Gomes.

Embora Fernando Peixoto já lançasse mão da expressão *nacional-popular* para se referir ao *Pagador de promessas*, o assunto, como tema de amplos e acirrados debates, só entrou propriamente na ordem do dia quando os efeitos combinados do avanço da luta de classes e do questionamento dos limites impostos pelo mercado ao teatro político (e à arte engajada de um modo geral) produziram, de modo irresistível no início dos anos 1960, os diversos movimentos de cultura popular. Também nesse caso, um estudo de seu amplo espectro há de mostrar que a disputa era pela direção e o controle das lutas que se travavam. É no bojo dessas lutas que em 1960 o PCB realiza seu V Congresso,[3] cuja resolução política revelará a necessidade de romper, onde for possível, os limites de sua política "reboquista". Tal ruptura ocorreu no movimento estudantil, por exemplo, quando a UNE fundou o CPC nas condições que conhecemos. Seu ponto de partida foi um espetáculo teatral promovido por dissidentes do Teatro de Arena. Para estes, tratava-se de avançar nas conquistas do teatro político.

---

3 Neste Congresso (o propriamente "esquerdista"), os comunistas, mesmo mantendo a disposição de continuar participando da frente nacionalista e do governo, desta vez apontam nitidamente a necessidade de construir a hegemonia do proletariado na frente nacionalista. Agora, mesmo reiterando o interesse do caminho pacífico para o socialismo, não descartam a disposição para pegar em armas: "Os inimigos internos e externos do povo brasileiro resistirão, por todos os meios possíveis, à perda de suas posições. Em desespero de causa, tais inimigos podem recorrer à violência para impedir a ascensão das forças revolucionárias ao poder, criando uma situação em que a revolução não teria outra possibilidade senão a de uma solução pela luta armada" (cf. Carone, op. cit., p.221-2).

Uma simples comparação entre o "Anteprojeto de Manifesto do CPC" redigido por Carlos Estevam Martins e a Resolução Política do V Congresso do PCB mostra a direção política (em disputa) desse movimento. Mas, assim como a história comprova que os efeitos de uma intervenção política persistem para além das conjunturais revisões de rumos, cedo os militantes do CPC puderam verificar pessoalmente os resultados de muitos anos de aliança de classes: a organização dos trabalhadores não correspondia às avaliações correntes.[4] A consequência dessa descoberta significou um duplo recuo: de um lado o CPC voltou-se para um eficiente trabalho de agitação estudantil e, de outro, transformou-se numa espécie de agência de prestação de serviços de propaganda política para os partidos que participavam da "frente nacionalista e democrática".

Apesar dos limites mencionados (aos quais se deve acrescentar uma razoável dependência em relação às verbas governamentais destinadas à UNE), ao CPC devem ser atribuídos alguns créditos importantes no plano da discussão cultural e, em nosso caso específico, no plano dos desenvolvimentos imprimidos à dramaturgia. Nesse caso, é impossível negar, por exemplo, o conjunto de suas experiências que está na origem do *Show Opinião* (embora com o sinal trocado, ou melhor, mantido numa situação em que deveria ter sido trocado – mas essa já é outra questão).

---

4 Em seu depoimento ao Ceac, Carlos Estevam conta como se deu a verificação: "Tínhamos a ilusão, na época, de que poderíamos entrar facilmente em contato com o povo, mas a decepção foi terrível. Tivemos duas surpresas desagradáveis. A primeira delas foi a descoberta de que, na periferia, a polícia era mais ativa que em Copacabana [...]. A segunda surpresa foi a ausência do operário nos locais onde supúnhamos que ele devia estar: os sindicatos. Montamos muitos espetáculos em sindicatos, mas não aparecia ninguém para assisti-los" (cf. Martins, História do CPC, *Arte em Revista* n.3, p.78).

As vicissitudes da dramaturgia nacional-popular

No capítulo da discussão cultural que interessa agora, coube ao CPC o papel histórico de esclarecer, para além de qualquer dúvida, o conteúdo específico da expressão "cultura nacional-popular" no Brasil. Em poucas palavras, tratava-se tão somente da política cultural do PCB em sua tentativa de disputar a direção das lutas do período. E, na medida em que a passageira e retórica radicalização do partido correspondia sobretudo a uma política mais agressiva de disputa de espaço na "frente" (e no aparelho de Estado), seu resultado mais palpável se verificava na conversão de boa parte da intelectualidade para a militância cultural em favor do socialismo, um tanto quanto a "toque de caixa" (para usar uma expressão de Carlos Estevam). Ferreira Gullar há de ter sido, dessas conversões, uma das mais comemoradas.[5]

O dramaturgo Dias Gomes não precisava ser convertido. Sua obra fazia parte dessa mesma política cultural na outra ponta do processo: tratava-se de preencher e garantir os espaços já conquistados — trincheiras que não podiam ser abandonadas, pois eram um canal importante de acesso às classes médias. Por isso a eleição de temas que atingiam de preferência suas ilusões (liberdade *vs.* intolerância) e por isso, também, a recepção um tanto contrafeita da peça que tentava ampliar o repertório (*A invasão*). Como já ficou dito a seu tempo, não se poderia minimizar a importância da defesa dessas "trincheiras", dado que o "inimigo" (o teatro importado e o esteticista) continuava atacando e disputando a preferência do público.

---

5 Daí, por exemplo, seu texto, já com caráter de balanço da experiência, *Cultura posta em questão*, onde encontramos definições como esta: "A cultura popular tem caráter eminentemente nacional e mesmo nacionalista. Nem poderia ser de outro modo, já que a visão cultural que a alimenta — como movimento e como fenômeno — emerge dos problemas de estrutura do país e coloca a necessidade de participação do intelectual na solução desses problemas".

Dias Gomes

Na medida em que a estratégia mais ampla continuava sendo a da aliança de classes, traduzida em táticas como a de disputar espaços sobretudo no aparelho de Estado, a encenação de *O pagador de promessas* por José Renato no Teatro Nacional de Comédia há de ter sido comemorada como uma das grandes vitórias do teatro político no Brasil. E sua excursão por todo o país, dispondo dos melhores recursos econômicos (do governo federal), como um dos claros indícios de que a cultural nacional-popular era uma política correta: aspecto que, por outro lado, deve ter sido computado entre os argumentos relativos ao "já ganhou" do pré-64.

O golpe de 1964 encarregou-se de acabar com as condições que permitiram a ocorrência e o desenvolvimento da festa nacional-popular, enquanto, como já vimos, o *Show Opinião* encarregou-se de inaugurar a temporada de produção do *mesmo* tipo de teatro numa espécie de vácuo. Por outro lado, a combinação de autocrítica, reafirmação de princípios e repressão acabou conduzindo todos os participantes da vida teatral no período 1964-70 a uma espécie de beco sem saída, que foi largamente tematizado.

Como para demonstrar que em coisas de política certos fenômenos se manifestam duas vezes, primeiro como tragédia e depois como farsa, já em 1968 Vianinha esboça o projeto de renascimento da cultura nacional-popular. O mesmo que servirá de base para Orlando Miranda e Paulo Pontes oferecerem o conteúdo concreto que faltava para a política cultural da ditadura inundar nossos palcos, a partir de 1976, com espetáculos que recolocavam os velhos temas (e problemas) em chave de superprodução. Com o país mudado, e os rebeldes sob controle, restava expulsar de nossos palcos, através das leis do mercado livre (mas criteriosamente subsidiado), os últimos focos de rebeldia cultural.[6]

---

6 Restringimo-nos aqui ao âmbito teatral daquilo que foi o tema, por assim dizer, central nas discussões sobre cultura na segunda metade

As vicissitudes da dramaturgia nacional-popular

O grande sucesso de bilheteria de uma peça como *Gota d'água*[7] mostrou o acerto da estratégia, em termos de mercado, e provocou grande debate no meio teatral, sobretudo em torno dos auxílios oficiais, no máximo reconhecidos como uma armadilha para o teatro. Fernando Peixoto, a essa altura transformado no principal paladino do nacional-popular, em 1977, faz a defesa da "nova" estratégia nos seguintes termos:

> Existe, sem dúvida, uma parte considerável do teatro empresarial que mergulha decididamente na produção de um tipo de espetáculo que, de forma irresponsável, assume a mentira e a mistificação. Mas existe também, *enquanto oposição nacional-popular*, um outro tipo de teatro empresarial que compreende suas contradições e limites, mas trabalha assim mesmo, assumindo a perspectiva das classes populares. E cumpre seu papel decisivo na elaboração de um teatro crítico e realista que, certamente, em condições melhores, terá que, somente então, negar as precárias bases nas quais hoje, circunstancialmente, se situa e se dimensiona.[8]

É desse mesmo ano sua entrevista a Macksen Luiz, do *Jornal do Brasil*, na qual o nacional-popular é apresentado como uma espécie de plataforma do "teatro de resistência".[9]

---

dos anos 1970. O caráter de farsa da retomada do projeto "nacional--popular" manifestou-se de maneira particularmente óbvia no episódio das "patrulhas ideológicas".

7 José Arrabal, em sua pesquisa sobre o nacional-popular para a Funarte, destaca os aspectos mais desfrutáveis desta peça. Cf. Arrabal; Lima, *O nacional e o popular na cultura brasileira: teatro*, p.153-61.

8 Peixoto, A necessária resistência do teatro empresarial, *Teatro em pedaços*, p.357.

9 Na esteira de Paulo Pontes, que por ocasião de *Gota d'água* desqualificara toda e qualquer iniciativa teatral não identificada com "os problemas do cotidiano dos brasileiros", Fernando Peixoto declara, entre

Dias Gomes

A encenação e o sucesso de *O Rei de Ramos* mostraram, para quem ainda pudesse ter dúvidas, *a precariedade* das condições em que se deu o renascimento do nacional-popular (como se a própria *Gota d'água* não tivesse sido suficientemente clara a respeito do que se passava em nossos palcos).

De modo geral, os críticos do processo – que, por sua própria força (de mercado subsidiado), se tornou hegemônico na produção teatral de fins dos anos 1970 – apontavam com muita clareza sua direção política: tratava-se, no plano da produção cultural, da retomada da velha estratégia de aliança de classes devidamente reciclada pelo PC. Dentre esses críticos, cabe destacar os próprios produtores teatrais que, como o Asdrúbal Trouxe o Trombone e o Pessoal do Cabaré, entre inúmeros outros, desenvolviam trabalhos de natureza diversa. Mas o balanço completo dessa produção (a hegemônica e a alternativa) ainda está por ser feito.[10]

Entendemos por balanço completo a análise das obras efetivamente encenadas e das inviabilizadas, que tem como resultado a exposição daquilo que constitui hoje nosso repertório teatral.

---

outras coisas: "Nossa dramaturgia, castrada nos últimos anos, vem sofrendo da ausência de quatro elementos fundamentais para exercer sua tarefa sociocultural, para definir-se como instrumento participante na transformação da realidade, para desempenhar seu papel de ampliação do debate ideológico, para afirmar-se como útil e responsável frente à comunidade: tem sido impedido que esta dramaturgia confronte a *realidade objetiva* [...]; que esta dramaturgia confronte esta realidade de um ponto de vista *crítico* [...]; tem sido impedido que ela seja *nacional* [...]; tem sido impedido que ela assuma o ponto de vista *popular*" (Cf. Peixoto, op. cit., p.194). Não é a menor das curiosidades que o diretor e crítico faça essa avaliação exatamente quando todas as atenções estão voltadas para esta mesma dramaturgia realista, crítica, nacional e popular...

10 Yan Michalski, Tânia Pacheco, José Arrabal, Mariângela Alves de Lima e Edelcio Mostaço, em trabalhos já citados, fornecem dados e referências importantes para esse balanço.

As vicissitudes da dramaturgia nacional-popular

À falta desse balanço, seria uma temeridade tentar determinar o exato lugar que cabe ao dramaturgo Dias Gomes. Mas a trajetória de sua obra, determinada por suas condições econômicas, políticas e ideológicas de produção, aponta para alguns resultados importantes.

É da natureza do mercado o processo de neutralização da matéria cultural proveniente tanto das lutas políticas quanto da arte de vanguarda. Mas o preço que o artista paga por essa neutralização é muito mais alto que o sugerido pelas restrições que a censura e o "gosto do público" impõem ao âmbito do que *pode* ser produzido.

O preço da neutralização não é apenas a renúncia a tratar diretamente de "assuntos proibidos". É também a renúncia às formas, primeiro, e depois seu combate explícito no próprio momento em que as obras são produzidas. O preço real que o artista paga à classe dominante quando aceita seu "contrato social" é a deposição das armas que conheceu quando participava da luta e, em seu lugar, a adoção do vasto arsenal oferecido pela classe dominante para pôr fora de combate a arte, o artista e a própria luta.

Esse processo é perfeitamente claro em *Campeões do mundo*, uma das últimas aparições do nacional-popular como farsa: no início dos anos 1980, embora a discussão teórica ainda não tivesse avançado muito em sua determinação política e cultural, a própria evolução dos acontecimentos políticos se encarregou de deixar de lado o assunto (uma das características mais constantes, como já foi mencionado, da natureza de nossos processos culturais: os assuntos, quaisquer que sejam, entram e saem das pautas de discussão como "surtos", sem que se chegue a esgotá-los).

Não apenas porque *Gota d'água* foi uma espécie de detonador da retomada do nacional-popular no teatro, mas sobretudo porque a peça é essencialmente uma tentativa consciente de acompanhar um processo de cooptação do mesmo tipo que o próprio teatro vivia, nela *ainda* é configurada a percepção que os dominados têm desse processo. Não por acaso, Joana, a mulher explorada ao extremo, justamente pelo artista popular que se passou para o outro lado, desempenha no conjunto da peça um papel radical similar ao dos sequestradores em *Campeões do mundo* e seu destino é semelhante: Joana suicida-se. Indício claro da má consciência dos autores da peça, cabe justamente a essa personagem a exposição, em modo de profecia com forte tempero populista, do destino que espera os artistas cooptados:

> *Mas, Jasão,*
> *já lhe digo o que vai acontecer:*
> *tem u'a coisa que você vai perder,*
> *é a ligação que você tem com a sua*
> *gente, o cheiro dela, o cheiro da rua,*
> *você pode dar banquetes, Jasão,*
> *mas samba é que você não faz mais não,*
> *não faz e aí é que você se atocha*
> *Porque vai tentar e sai samba brocha,*
> *samba escroto, essa é a minha maldição*
> *Gota d'água, nunca mais, seu Jasão*
> *Samba, aqui, ó...* [11]

---

11 Pontes, Buarque, *Gota d'água*, p.127.

Bibliografia

1. Livros

ADORNO, Theodor. *Teoria estética*. Lisboa: Martins Fontes, 1982.

_____ et al. *El teatro y su crisis actual*. Caracas: Monte Avila, 1969.

ALMEIDA, Abílio Pereira et al. *Depoimentos V*. Rio de Janeiro: SNT, 1981.

ARRABAL, José et alii. *Anos 70:* teatro. Rio de Janeiro: Europa, 1979-80.

_____; LIMA, Mariângela Alves de. *Teatro* (O nacional e o popular na cultura brasileira). São Paulo: Brasiliense, 1983.

BARBOSA, Marilia T.; OLIVEIRA FILHO, Arthur L. *Silas de Oliveira*: do jongo ao samba-enredo. Rio de Janeiro: Funarte, 1981.

BARRAULT, Jean-Louis. *Mi vida en el teatro*. Madri: Fundamentos, 1975.

BENJAMIN, Walter. *Tentativas sobre Brecht*. Madri: Taurus, 1975.

BERTHOLD, Margot. *Historia social del teatro*. Madri: Guadarrma, 1974. 2 v.

BORNHEIM, Gerd. *Teatro:* a cena dividida. Porto Alegre: LP&M, 1983.

CANDIDO, Antonio. *A educação pela noite e outros ensaios*. São Paulo: Ática, 1987.

CAMPEDELLI, Samira. *Dias Gomes*. São Paulo: Abril, 1982.

CARONE, Edgard. *O PCB (II):* 1943 a 1964. São Paulo: Difel, 1982.

_____. *O PCB (III):* 1964 a 1982. São Paulo: Difel, 1982.

CAUDIN, Fernando. *A crise do movimento comunista (I)*. São Paulo: Global, 1985.

D'AMICO, Silvio. *Storia del teatro drammatico.* Roma: Bulzoni, 1982. v.2.

DIAS GOMES, Alfredo. *O santo inquérito.* Rio de Janeiro: Civilização Brasileira, 1966.

_____. *Teatro de Dias Gomes.* Rio de Janeiro: Civilização Brasileira, 1972. 2 v.

_____. *As primícias.* Rio de Janeiro: Civilização Brasileira, 1978.

_____. *O rei de Ramos.* Rio de Janeiro: Civilização Brasileira, 1979.

_____. *Campeões do mundo.* Rio de Janeiro: Civilização Brasileira, 1980.

_____. *Vargas.* Rio de Janeiro: Civilização Brasileira, 1983.

_____. *Amor em campo minado.* Rio de Janeiro: Civilização Brasileira, 1984.

DORT, Bernard. *Leitura de Brecht.* [S.l.]: Forja, 1980.

DUVIGNAUD, Jean. *Sociologia do comediante.* Rio de Janeiro: Zahar, 1972.

ESSLIN, Martin. *Brecht*: dos males o menor. Rio de Janeiro: Zahar, 1979.

FERREIRA GULLAR. *Cultura posta em questão.* Rio de Janeiro: Civilização Brasileira, 1965.

GASSNER, John. *Mestres do teatro II.* São Paulo: Perspectiva, 1980.

GOTTFRIED, Martin. *Teatro dividido.* Rio de Janeiro: Bloch, 1970.

GOULD, Jean. *Dentro e fora da Broadway.* Rio de Janeiro: Bloch, 1968.

GUZIK, Alberto. *TBC*: crônica de um sonho. São Paulo: Perspectiva, 1986.

_____; PEREIRA, Maria Lúcia. *Dionysos* n. 25 (TBC). Rio de Janeiro: SNT, 1980.

HADDAD, Amir et al. *Depoimentos VI.* Rio de Janeiro: SNT, 1982.

HEGEL, G. W. F. *Esthétique.* Paris: Flammarion, 1979. v.4.

HEWITT, Bernard. *Theatre U.S.A.* Nova York: McGraw-Hill, 1959.

HILFERDING, Rudolf. *O capital financeiro.* São Paulo: Abril, 1985.

HOBSBAWM, Eric J. et al. *História do marxismo.* Rio de Janeiro: Paz e Terra, 1982. v. 2: O marxismo na época da Segunda Internacional.

HORMIGON, Juan Antonio (Org.). *Brecht y el realismo dialectico.* Madri: Alberto Corazón, 1975.

_____. *Investigaciones sobre el espacio escenico.* Madrid: Alberto Corazón, 1970.

HORKHEIMER, Max. *Eclipse da razão.* Rio de Janeiro: Labor, 1976.

Bibliografia

JOURDHEIL, Jean. *L'Artiste, la politique, la production*. Paris: UGE, 1976.

KAYSER, Wolfgang. *Análise e interpretação da obra literária*. 5.ed. Coimbra: Arménio Amado, 1970. v.2.

LALOU, René. *O teatro na França*. São Paulo: Difel, 1956.

LENIN, V. I. *O imperialismo, fase superior do Capitalismo*. In: *Obras escolhidas*. 2.ed. São Paulo: Alfa-Omega, 1982. v.1.

LUKÁCS, Georg. *Il drama moderno*. Milano: SugarCo, 1976.

_____. *La genesi dela tragédia borghese da Lessing a Ibsen*. Milão: SugarCo, 1977.

_____. *Il drama moderno dal naturalismo a Hofmannsthal*. Milão: SugarCo, 1977.

_____. *Teoria do romance*. Lisboa: Presença, [s.d.].

MAGALDI, Sábato. *Panorama do teatro brasileiro*. 2.ed. Rio de Janeiro: SNT, [s.d.].

MANDEL, Ernest. *O capitalismo tardio*. São Paulo: Abril, 1982.

MARTINS, Carlos Estevam. *A questão da cultura popular*. Rio de Janeiro: Tempo Brasileiro, 1963.

MICHALSKI, Yan. *O palco amordaçado*. Rio de Janeiro: Avenir, 1979.

_____. *O teatro sob pressão*. Rio de Janeiro: Zahar, 1985.

MIGNON, Paul-Louis. *História del teatro contemporaneo*. Madri: Guadarrama, 1975.

MOSTAÇO, Edelcio. *Teatro e política:* Arena, Oficina e Opinião. São Paulo: Proposta, 1982.

_____. *O espetáculo autoritário*. São Paulo: Proposta, 1983.

MOUSSINAC, Leon. *História do teatro*. Amadora (Lisboa): Bertrand, s/d.

PALLOTTINI, Renata. *Introdução à dramaturgia*. São Paulo: Brasiliense, 1983.

PASTA JR., José Antonio. *Trabalho de Brecht*. São Paulo: Ática, 1986

PEIXOTO, Fernando. *Teatro em pedaços*. São Paulo: Hucitec, 1980.

_____. *Teatro em movimento*. São Paulo: Hucitec, 1985.

_____ (Org). *Vianinha*: teatro, televisão, política. São Paulo: Brasiliense, 1983.

PISCATOR, Erwin. *Teatro político*. Rio de Janeiro: Civilização Brasileira, 1968.

Dias Gomes

PONTES, Paulo; BUARQUE, Chico. *Gota d'água*. Rio de Janeiro: Civilização Brasileira, 1975.

PRADO, Décio de Almeida. *Apresentação do teatro brasileiro moderno*. São Paulo: Martins, 1956.

_____. *Teatro em progresso*. São Paulo: Martins, 1964.

_____. *Exercício findo*. São Paulo: Perspectiva, 1987.

ROLLAND, Romain. *El teatro del pueblo*. Buenos Aires: Quetzal, 1952.

ROSENFELD, Anatol. *O teatro épico*. Rio de Janeiro: Ao livro Técnico, 1965.

_____. *Teatro alemão*. São Paulo: Brasiliense, 1968.

_____. *Teatro moderno*. São Paulo: Perspectiva, 1977.

SCHWARZ, Roberto. *A sereia e o desconfiado*. 2.ed. Rio de Janeiro: Paz e Terra, 1978.

_____. *Ao vencedor as batatas*. São Paulo: Duas Cidades, 1977.

_____. *O pai de família e outros estudos*. Rio de Janeiro: Paz e Terra, 1978.

SZONDI, Peter. *Teoria del drama moderno*. Torino: Einaudi, 1972.

VIANNA, Deocélia. *Companheiros de viagem*. São Paulo: Brasiliense, 1984.

VILAR, Jean. *De la tradition théâtrale*. Paris: Gallimard, 1955.

2. Ensaios e entrevistas

ADORNO, Theodor. Sartre e Brecht – engajamento na literatura. *Caderno de Opinião* n.2. Rio de Janeiro: Inúbia, 1975.

BECKER, Cacilda et al. Pesquisa de opinião. *Revista Civilização Brasileira*. Caderno especial n.2 (Teatro e realidade brasileira), 1968.

CANDIDO, Antonio. Feitos da burguesia. *Discurso* n.11. São Paulo: Ciências Humanas, 1980.

_____. A revolução de 1930 e a cultura. *A educação pela noite e outros ensaios*. São Paulo: Ática, 1987.

DIAS GOMES respondendo a perguntas de Ferreira Gullar e Moacyr Félix. *Encontros com a Civilização Brasileira* n.6. Rio de Janeiro: Civilização Brasileira, 1978.

HOBSBAWM, E. J. A cultura europeia e o marxismo entre o século XIX e o século XX. In: _____ et al. *História do marxismo*. Rio de

Bibliografia

Janeiro: Paz e Terra, 1968. v.2: O marxismo na época da Segunda Internacional.

KÜHNER, Maria Helena. Reflexões sobre um teatro em tempo de síntese. *Revista Civilização Brasileira*. Cad. Esp. n.2. Rio de Janeiro: Civilização Brasileira, 1968.

LEITE, Luiza Barreto. A fase heroica. *Dionysos* n.22 (Os Comediantes). Rio de Janeiro: SNT, 1975.

LUXEMBURGO, Rosa. El socialismo y las iglesias. In: *Obras escogidas*. Bogotá: Pluma, 1979. v.I.

MACIEL, Luiz Carlos. Quem é quem no teatro brasileiro. 2.imp. *Arte em revista* n.6. São Paulo: Kairós/CEAC, 1981.

MAGALDI, Sábato. Noção de teatro popular. *O Estado de S. Paulo* (Suplemento Cultural). São Paulo: 2 fev. 1957.

_____. Por um teatro popular. *O Estado de São Paulo* (Suplemento Cultural). São Paulo: 2 fev. 1957.

_____. Visão do teatro brasileiro contemporâneo. *Cultura* n.27. Brasília: MEC, 1978.

NÍDIA LÍCIA. Entrevista à *Folha de S. Paulo*. São Paulo: 24 mar. 1960.

ROSENFELD, Anatol. O misticismo popular na obra de Dias Gomes. *Revista Civilização Brasileira* n.14. Rio de Janeiro: Civilização Brasileira, 1968.

_____. O herói humilde. *Revista Civilização Brasileira*. Caderno Especial n.2. Rio de Janeiro: Civilização Brasileira, 1968.

_____. Teatro em crise. 2.imp. *Arte em revista* n.6. São Paulo: Kairós/CEAC, 1981.

SALINAS FORTES, Luiz Roberto. Teatro e privilégio. *Arte em revista* n.6. São Paulo: Kairós/CEAC, 1981.

SOUZA, Gilda de Mello e. Teatro ao sul. *Exercícios de leitura*. São Paulo: Duas Cidades, 1980.

3. Crítica e noticiário sobre as peças de Dias Gomes

ABREU, Brício de. O pagador de promessas. *O Dia*. Rio de Janeiro: 27 jun. 1962.

_____. *Dr. Getúlio, sua vida e sua glória*. *O Jornal*. Rio de Janeiro: 7 set. 1968.

A INVASÃO: quer dizer teatro cheio. *Jornal do Brasil*. Rio de Janeiro: 10 nov. 1962.

ALENCAR, Edigar de. O pagador de promessas. *A Notícia*. Rio de Janeiro: 27 jun. 1962.

_____. Espetáculos do Rio. *A Notícia*. Rio de Janeiro: 13 set. 1968.

ALENCAR, Miriam. O novo estilo de um velho teatro. *Jornal do Brasil*. Rio de Janeiro: 11 mar. 1979.

ALMEIDA, Lígia. O impacto do *Dr. Getúlio*. *Folha da Tarde*. Porto Alegre: 12 ago. 1968.

ALVES NETO, Mário. Oh-Dorico! Que chato! *O Estado*. Florianópolis: 7 jun. 1970.

AMARAL, Zózimo Barroso do. O canto do cisne. *Jornal do Brasil*. Rio de Janeiro: 22 jan. 1979.

_____. Ponto de vista. *Jornal do Brasil*. Rio de Janeiro: 5 out. 1983.

ANDERSON, José. *A invasão*, um espetáculo com cheiro de Povo. *Jornal de Brasília*. 1º out. 1978.

A PROIBIÇÃO de *A invasão* em Leopoldina, MG. *Jornal do Brasil*. Rio de Janeiro: 27 out. 1964.

ARANTES, José Tadeu. Dias Gomes põe pra fora seus demônios. *Movimento*, 20 a 26 jul. 1981.

ARARIPE, Oscar. Odorico: verismo até certo ponto. *Correio da Manhã*. Rio de Janeiro: 25 mar. 1970.

ARCO E FLEXA, Jairo. Culpa sem crime. *Veja*: 21 set. 1977.

A REGRA das três unidades em *O pagador de promessas*. *Diário de notícias*. Rio de Janeiro: 3 jul. 1962.

ARRABAL, José. O equívoco de Odorico. *O Jornal*. Rio de Janeiro: 5 abr. 1970.

ARTISTAS vão a Castelo por peça proibida. *Correio da Manhã*. Rio de Janeiro: 25 jul. 1965.

ASSEMBLEIA promoverá o julgamento da peça. *O Globo*. Rio de Janeiro: 7 out. 1983.

AZEVEDO, Almir. *O pagador de promessas*. *A Noite*. Rio de Janeiro: 23 jun. 1962.

Bibliografia

BANDEIRA 2, da TV para o teatro. *O Estado de S. Paulo*. São Paulo: 22 mar. 1979.

BARBARA HELIODORA. Dias Gomes no TNC: *O pagador de Promessas* (I e II). *Jornal do Brasil*. Rio de Janeiro: 28 jun. 1962 e 29 jun. 1962.

BERÇO DO HERÓI dá prejuízo de um milhão diário. *Correio da Manhã*. Rio de Janeiro: 25 jul. 1965.

BICENTENÁRIO. *Manchete*. Rio de Janeiro: 22 set. 1979.

BLANCO, Armindo. Tiradentes on Ice. *O Pasquim*. Rio de Janeiro: 5 a 12 abr. 1979.

BÔSCOLI, Ronaldo. De Dias Gomes ao *Rei de Ramos*. *Manchete*. Rio de Janeiro: 10 fev. 1979.

BRANCO, Paulo. Vargas. *Tribuna da Imprensa*. Rio de Janeiro: 5 out. 1983.

BRANDÃO, Tânia. Vargas. Política no samba. *Última Hora*. Rio de Janeiro: 4 out. 1983.

BRIZOLA condena a peça sobre Vargas. *Tribuna da Imprensa*. Rio de Janeiro: 5 out. 1983.

BRIZOLA não gosta da peça sobre Getúlio. *O Povo*. Rio de Janeiro: 5 out. 1983.

CALLADO, Antonio. *Dr. Getúlio, sua vida e sua glória*. *Correio da Manhã*. Rio de Janeiro: 18 ago. 1968.

CAMBARÁ, Isa. A volta do "Pagador" pela liberdade. *Folha de S. Paulo*. São Paulo: 24 out. 1979.

CENSURADA desde 1965. Hoje estreia *O berço do herói*. *O Estado de S. Paulo*. São Paulo: 6 maio 1983.

CIABATTARI, Olímpia. Regina Duarte: eu tenho garra. *Última Hora*. São Paulo: 9 set. 1977.

CLOVIS LEVI. Odorico, o mal-amado. *O Dia*. Rio de Janeiro: 26 abr. 1970.

CONDÉ, José. *O santo inquérito*. *Correio da Manhã*. Rio de Janeiro: 4 set. 1966.

CRÍTICA equívoca. *Jornal do Brasil*. Rio de Janeiro: 8 out. 1983.

CUNHA, Wilson. Odorico, informações. *Tribuna da Imprensa*. Rio de Janeiro: 13 abr. 1970.

_____. Odorico, sem destino. *Tribuna da Imprensa*. Rio de Janeiro: 16 abr. 1970.

_____. Finalmente, um aplauso. *Manchete*. Rio de Janeiro: 14 jul. 1979.

DEL RIOS, Jefferson. Inquérito para a poesia de uma jovem apaixonada. *Folha de S. Paulo*. São Paulo: 23 set. 1977.

DIAS GOMES acha que verdade humana é fundo para obras artísticas. *O jornal*. Rio de Janeiro: 12 out. 1966.

DIAS GOMES: a liberdade de pagar promessa. *Jornal do Brasil*. Rio de Janeiro: 9 nov. 1979.

DIAS GOMES retorna ao teatro com uma superprodução musical. *O Estado de S. Paulo*. São Paulo: 4 mar. 1979.

DIAS GOMES revive a lenda da judia que a Inquisição matou. *Última Hora*. Rio de Janeiro: 31 out. 1966.

DIAS GOMES; FERREIRA GULLAR. Morte e vida Getulina. *Jornal do Brasil*. Rio de Janeiro: 15 set. 1968.

DO PAGADOR a Getúlio. *O Jornal*. Rio de Janeiro: 7 abr. 1968.

DOM JOSÉ é contra *O pagador de promessas* na porta da igreja. *Diário de Notícias*. Rio de Janeiro: 23 jun. 1972.

DR. GETÚLIO e o protesto. *A Tarde*. Salvador: 31 ago. 1968.

DR. GETÚLIO polemiza teatro popular. *Correio da Manhã*. Rio de Janeiro: 27 set. 1968.

DUARTE, Francisco. Dias Gomes: a luta repetida pela liberdade de expressão. *Correio do Povo*. Porto Alegre: 1º jan. 1980.

EM CARTAZ *O pagador de promessas*. *Movimento*, 5 a 11 nov. 1979.

ENEIDA. Dias Gomes: *O pagador de promessas*. *Diário de Notícias*. Rio de Janeiro: 15 out. 1961.

ENTERREMOS o chapéu hoje à censura. *Última Hora*. Rio de Janeiro: 23 jul. 1965.

ESTADO vai rever sua participação na peça. *O Globo*. Rio de Janeiro: 6 out. 1983.

EU, CARIOCA. Ferreira Gullar. *O Paiz*. Rio de Janeiro: 12 set. 1968.

FARIA, Octavio de. O sincretismo emocional e *O pagador de promessas*. *Correio da Manhã*. Rio de Janeiro: 31 ago. 1962.

GALVÃO, Patrícia. Urge que um grupo amador monte *O pagador de promessas*. *A Tribuna*. Santos: 23 abr. 1961.

GETÚLIO e Lutero. *Gazeta de Notícias*. Rio de Janeiro: 7 out. 1983.

Bibliografia

GETÚLIO Vargas volta à cena. *Correio da Manhã*. Rio de Janeiro: 27 mar. 1968.

GODOY, Carlos Ernesto de. Intolerância. *Visão*. São Paulo: 3 out. 1977.

GONÇALVES, Delmiro. Nova montagem da peça "O pagador". *O Estado de S. Paulo*. São Paulo: 24 jun. 1962.

GONÇALVES, Martim. Apresentação *O santo inquérito*. *O Globo*. Rio de Janeiro: 27 set. 1966.

_____. *Dr. Getúlio, sua vida e sua glória*. *O Globo*. Rio de Janeiro: 25 set. 1968.

_____. Odorico ou Marins Pena redivivo. *O Globo*. Rio de Janeiro: 21 mar. 1970.

GUENNES, E. Sobre o berço. *Diário Carioca*. Rio de Janeiro: 16 jul. 1965.

GUIMARÃES, Márcia. Dias Gomes: estou cansado de novela. *Última Hora*. Rio de Janeiro: 28 ago. 1976.

_____. O milagre de um santo de casa. Última Hora. Rio de Janeiro: 8 nov. 1976.

GUIMARÃES, Torrieri. Nova (e diferente) peça de Dias Gomes. *Folha da Tarde*. São Paulo: 7 jun. 1979.

GUZIK, Alberto. A comoção do *Santo inquérito*. *Última Hora*. São Paulo: 15 set. 1977.

HALFOUN, Eli. Nota sobre o veto ao *Berço do herói*. *Última Hora*. Rio de Janeiro: 23 ago. 1965.

HENRIQUE OSCAR. *O santo inquérito* no Teatro Jovem. *Diário de Notícias*. Rio de Janeiro: 29 jun. 1966.

_____. *Dr. Getúlio, sua vida e sua glória* no João Caetano. *Diário de Notícias*. Rio de Janeiro: 4 set. 1968.

_____. *Odorico, o bem-amado* estreou no Teatro Gláucio Gill. *Diário de Notícias*. Rio de Janeiro: 22 mar. 1970.

_____. *Odorico, o bem-amado* estreou no Teatro Gláucio Gill. *Diário de Notícias*. Rio de Janeiro: 14 abr. 1970.

HOHFELDT, Antonio. O bem-amado Odorico chegou. *Correio do Povo*. Porto Alegre: 7 maio 1970.

KAPLAN, Sheila. *Vargas*. Vida e obra, o mito em clima de escola de samba. *O Globo*. Rio de Janeiro: 3 out. 1983.

KÜHNER, Maria Helena. *Dr. Getúlio*: caminho para um novo teatro. *Jornal do Brasil*. Rio de Janeiro: 21 set. 1968.

LARA, Paulo. ... ou de como o poder esmaga os inimigos. *Folha da Tarde*. São Paulo: 12 set. 1977.

_____. O pagador de volta. *Folha da Tarde*. São Paulo: 1º out. 1979.

LEMOS, Tite de. *Dr. Getúlio*. *Jornal do Brasil*. Rio de Janeiro: 30 ago. 1968.

LEO VITOR. O herói no berço. *O Jornal dos Sports*. Rio de Janeiro: 25 jul. 1965.

LEVI, Clovis. *Dr. Getúlio, sua vida e sua glória*. *O Dia*. Rio: 8 set. 1968.

LUIZ AUGUSTO. O musical Vargas & a história. *Tribuna da Imprensa*. Rio: 6 out. 1983.

MACIEL, Luiz Carlos. Guerra de Majestade. *Veja*, 21 mar. 1979.

_____. Vida e glória do Dr. Getúlio para as grandes massas. *Fatos e Fotos*, 5 out. 1968.

_____. Jovem clássico. *Veja*, 17 out. 1979.

MACKSEN LUIZ. O rei de Ramos. *IstoÉ*, 21 mar. 1979.

_____. Mural de uma invasão. *Jornal do Brasil*. Rio de Janeiro: 24 ago. 1979.

_____. *O pagador de promessas*. *IstoÉ*, 5 set. 1979.

_____. *O pagador de promessas*. *IstoÉ*, 31 out. 1979.

_____. "Vargas" como na avenida. *Jornal do Brasil*. Rio de Janeiro: 5 out. 1983.

MAGALDI, Sábato. *O pagador de promessas*. *O Estado de S. Paulo*. São Paulo: 23 jul. 1960.

_____. *O santo inquérito* onze anos depois: um retrato de sinistro realismo. *Jornal da Tarde*. São Paulo: 16 set. 1977.

_____. *Vargas*, um marco do musical brasileiro. *Jornal da Tarde*. São Paulo: 7 out. 1983.

_____. O drama e a ironia destes *Campões do mundo*. *Jornal da Tarde*. São Paulo: 29 nov. 1980.

MEMORIAL JK: A estreia de *O pagador de promessas*. *Manchete*, 27 out. 1979.

Bibliografia

MARINHO, Flávio. *O santo inquérito*. *Tribuna da Imprensa*. Rio de Janeiro: 16 nov. 1979.

_____. A volta de Dias Gomes ao teatro. *O Globo*. Rio de Janeiro: 11 mar. 1979.

_____. Dias Gomes: na ordem do dia. *O Globo*. Rio de Janeiro: 25 jul. 1979.

_____. A pesada cruz do *Pagador de promessas*. *O Globo*. Rio de Janeiro: 9 out. 1979.

_____. Pra inglês ver. *Visão*, 24 dez. 1979.

MENDONÇA. Paulo. *O santo inquérito*. *Folha de S. Paulo*. São Paulo: 26 nov. 1967.

MICHALSKI, Yan. Pagador de volta. *Jornal do Brasil*. Rio de Janeiro: 26 ago. 1965.

_____. Pagador estreia com Zé do Burro no Berço do herói para tirar prejuízo. *Jornal do Brasil*. Rio de Janeiro: 28 ago. 1965.

MICHALSKI, Yan. *O pagador de promessas* (I). *Jornal do Brasil*. Rio de Janeiro: 7 set. 1965.

_____. *O pagador de promessas* (II). *Jornal do Brasil*. Rio de Janeiro: 8 set. 1965.

_____. Primeira crítica: *O santo inquérito*. *Jornal do Brasil*. Rio de Janeiro: 24 set. 1966.

_____. *O santo inquérito*. *Jornal do Brasil*. Rio de Janeiro: 6 out. 1966.

_____. Samba do presidente morto (I). *Jornal do Brasil*. Rio de Janeiro: 3 set. 1968.

_____. Samba do presidente morto (II). *Jornal do Brasil*. Rio de Janeiro: 4 set. 1968.

_____. Odorico, o mal realizado. *Jornal do* Brasil. Rio de Janeiro: 8 abr. 1970.

_____. Os males do arbítrio. *Jornal do Brasil*. Rio de Janeiro: 11 nov. 1976.

_____. Revisão crítica. O inquérito rumo à santidade. *Jornal do Brasil*. Rio de Janeiro: 12 nov. 1976.

_____. *As primícias*. *Encontros com a Civilização Brasileira* n. 1. Rio de Janeiro: Civilização Brasileira, 1978.

_____. A real reabertura. *Jornal do Brasil*. Rio de Janeiro: 9 mar. 1979.

_____. Um caminho para o sucesso. *Jornal do Brasil*. Rio de Janeiro: 3 set. 1979.

_____. "Pagador" ficou devendo. *Jornal do Brasil*. Rio de Janeiro: 17 out. 1979.

NOVA montagem de *O pagador de promessas*. *O Estado de S. Paulo*. São Paulo: 5 nov. 1979.

O BEM-AMADO: sucesso na TV e em livro. *Correio Brasiliense*. Brasília: 31 ago. 1980.

O BERÇO do herói. Jornal do Brasil. Rio de Janeiro: 28 maio 1968.

O BERÇO do herói. Jornal do Brasil. Rio de Janeiro: 25 jul. 1965.

O DURO aprendizado teatral da ex-namorada do Brasil. *Folha de S. Paulo*. São Paulo: 3 out. 1977.

OLIVEIRA, Franklin de. *Os campeões do mundo. IstoÉ*, 06 maio 1981.

O OBSCURANTISMO da inquisição no palco do Teresa Raquel. *O Globo*. Rio de Janeiro: 8 nov. 1976.

O PAGADOR de promessas de Dias Gomes pelo TNC. *Diário de Notícias*. Rio de Janeiro: 30 jun. 1962.

O PAGADOR de promessas de Dias Gomes: 20 anos de sucessos. *Manchete*, 20 out. 1979.

O PAGADOR de promessas. Luta democrática. Rio de Janeiro: 26 jun. 1962.

O TEATRO Jovem com *O santo inquérito*. *Diário de Notícias*. Rio de Janeiro: 2 out. 1966.

PAGADOR de promessas vai estar no teatro. *Diário de Notícias*. Rio de Janeiro: 27 maio 1962.

PAULO FRANCIS. *O pagador de promessas*. *Diário Carioca*. Rio de Janeiro: 10 jul. 1962.

_____. *A invasão* de Dias Gomes. Última Hora. Rio de Janeiro: 1º set. 1962.

PEÇA de Dias Gomes estreia liberada para maiores de 16 anos e com casas cheias. *Jornal do Brasil*. Rio de Janeiro: 24 set. 1966.

PEÇA proibida estreia hoje. *Notícias Populares*. São Paulo: 5 maio 1983.

PEIXOTO, Fernando. (*O pagador de promessas*). *Folha da Tarde*. Porto Alegre: 12 nov. 1962.

_____. Dias Gomes & "O pagador". *Folha da Tarde*. Porto Alegre: 16 nov. 1962.

Bibliografia

_____. O espetáculo do TNC. *Folha da Tarde*. Porto Alegre: 16 nov. 1962.

_____. Pagador & ponte. *Folha da Tarde*. Porto Alegre: 23 nov. 1962; 26 nov. 1962.

_____. Getúlio. *Correio da Manhã*. Rio de Janeiro: 13 out. 1968.

POVO aplaudiu "O pagador" de pé. *Última Hora*. Rio de Janeiro: 26 nov. 1962.

PRACINHAS x Dias Gomes. *Correio Brasiliense*. Brasília: 19 mar. 1982.

PRADA, Cecília. Noites de lua cheia, noites de opressão. *IstoÉ*, 28 set. 1977.

PRADO, Décio da Almeida. *O santo inquérito. Exercício Findo*. São Paulo: Perspectiva, 1987. p.234-7.

PROCÓPIO, um ator cinquentão no palco do Leopoldina. *Diário de São Paulo*. São Paulo: 10 maio 1970.

RANGEL, Flávio. A remontagem do bom. *Jornal do Brasil*. Rio de Janeiro: 9 nov. 1979.

RANGEL, Maria Lúcia. Numa hora medieval, a tentativa de um teatro consequente. *Jornal do Brasil*. Rio de Janeiro: 8 set. 1977.

RANGEL, Maria Lúcia. Musical sobre a guerra dos bicheiros fala da luta pelo poder econômico. *Jornal do Brasil*. Rio de Janeiro: 11 mar. 1979.

_____. A volta do pagador. *Jornal do Brasil*. Rio de Janeiro: 9 nov. 1979.

REGINA DUARTE, tranquila para a fogueira. *Jornal da Tarde*. São Paulo: 8 set. 1977.

SACHET, Celestino. *O santo inquérito* e a arte-compromisso. *Jornal do Comércio*. Rio de Janeiro: 6 nov. 1966.

SANTO INQUÉRITO: êxito em São Paulo. *Última Hora*. Rio de Janeiro: 14 nov. 1967.

SANZ, Luiz Alberto. (*O Santo inquérito*). *Última Hora*. Rio de Janeiro: 24 set. 1966.

_____. O inquérito de Dias Gomes. *Última Hora*. Rio de Janeiro: 11 out. 1966.

_____. A condenação de Branca Dias. *Última Hora*. Rio de Janeiro: 13 out. 1966.

_____. A montagem do santo inquérito. *Última Hora*. Rio de Janeiro: 15 out. 1966.

SARMENTO, Luiz Carlos. A volta do *Dr. Getúlio*. *Correio da Manhã*. Rio de Janeiro: 24 ago. 1968.

SILVEIRA, Emília. A inquisição no banco dos réus. *Jornal do Brasil*. Rio de Janeiro: 6 nov. 1966.

SWANN, Carlos. A favor de "Vargas". *O Globo*. Rio de Janeiro: 17 out. 1983.

TABORDA, Tato. *Dr. Getúlio*, sua paixão e sua morte. *Última Hora*. Rio de Janeiro: 3 set. 1968.

TEATRO JOVEM verá debate entre o público e críticos após *O santo inquérito*. *Jornal do Brasil*. Rio de Janeiro: 16 out. 1966.

TEATRO UNIVERSITÁRIO promove estreia hoje da *Revolução dos beatos*. *Gazeta de Alagoas*. Maceió: 8 jun. 1973.

TEATRÓLOGO anseia por abertura. *Jornal do Brasil*. Rio de Janeiro: 29 jan. 1979.

TUMSCITZ, Gilberto. Odorico. *O Globo*. Rio de Janeiro: 18 mar. 1970.

UMA VISÃO de Dr. Getúlio por Dias Gomes e Gullar. *Correio do Povo*. Porto Alegre: 7 ago. 1968.

UM AUTOR fala de um diretor. *Jornal do Brasil*. Rio de Janeiro: 23 set. 1966.

UM ESPETÁCULO que não atinge seus objetivos. *O Estado de S. Paulo*. São Paulo: 3 dez. 1967.

UM SANTO inquérito no palco. *Folha de S. Paulo*. São Paulo: 8 jul. 1977.

VAN JAFA. *O pagador de promessas*. *Correio da Manhã*. Rio de Janeiro: 24 jun. 1962.

_____. De como Dias Gomes situa seu pagador. *Correio da Manhã*. Rio de Janeiro: 23 jun. 1962.

_____. Lançamento: *O berço do herói*. *Correio da Manhã*. Rio de Janeiro: 22 jul. 1965.

_____. Nova montagem de *O pagador de promessas*. *Correio da Manhã*. Rio de Janeiro: 24 ago. 1965.

_____. *O pagador de promessas*. *Correio da Manhã*. Rio de Janeiro: 15 set. 1965.

_____. Um "pagador de promessas". *Tribuna da Imprensa*. Rio de Janeiro: 28 set. 1965.

Bibliografia

_____. Lançamento: *O santo inquérito*. *Correio da Manhã*. Rio de Janeiro: 25 set. 1966.

_____. *Dr. Getúlio, sua vida e sua glória*. *Correio da Manhã*. Rio de Janeiro: 13 set. 1968.

VARGAS, a polêmica. *O Globo*. Rio de Janeiro: 5 out. 1983.

VARGAS – Brizola briga nos bastidores. *Última hora*. Rio de Janeiro: 5 out. 1983.

VARGAS terá julgamento. *Última Hora*. Rio de Janeiro: 7 out. 1983.

VIANA, Hilton. *Os campeões do mundo*, o último texto de Dias Gomes. *Diário Popular*. São Paulo: 8 mar. 1981.

VIGÍLIA. *O Globo*. Rio de Janeiro: 10 ago. 1965.

WOFF, Fausto. (*O santo inquérito*). *Tribuna da Imprensa*. Rio de Janeiro: 3 out. 1966.

_____. *Dr. Getúlio, sua vida e sua glória*. *Tribuna da Imprensa*. Rio de Janeiro: 13 set. 1968.

ZANOTTO, Ilka Marinho. No texto de Dias Gomes, uma lição de repúdio à opressão. *O Estado de S. Paulo*. São Paulo: 18 set. 1977.

SOBRE O LIVRO

Formato: 14 x 21 cm
Mancha: 23 x 40 paicas
Tipologia: Venetian 301 12/15
Papel: Off-white 80 g/m² (miolo)
Cartão Supremo 250 g/m² (capa)

1ª *edição Editora Unesp*: 2017

EQUIPE DE REALIZAÇÃO

Capa
Marcelo Girard

Edição de texto
Silvia Massimini Felix (Copidesque)
Ricardo Inácio dos Santos (Revisão)

Editoração eletrônica
Sergio Gzeschnik (Diagramação)

Assistência editorial
Alberto Bononi
Richard Sanches